DO SOCIALISMO UTÓPICO AO SOCIALISMO CIENTÍFICO

O livro é a porta que se abre para a realização do homem.

Jair Lot Vieira

FRIEDRICH ENGELS

DO SOCIALISMO UTÓPICO AO SOCIALISMO CIENTÍFICO

Apresentação
EDMILSON COSTA
Doutor em Economia pela Unicamp,
com pós-doutorado em Globalização
e Capitalismo Contemporâneo
também pela Unicamp

Copyright desta edição © 2023 by Edipro Edições Profissionais Ltda.

Todos os direitos reservados. Nenhuma parte deste livro poderá ser reproduzida ou transmitida de qualquer forma ou por quaisquer meios, eletrônicos ou mecânicos, incluindo fotocópia, gravação ou qualquer sistema de armazenamento e recuperação de informações, sem permissão por escrito do editor.

Grafia conforme o novo Acordo Ortográfico da Língua Portuguesa.

3ª edição, 2023.

Editores: Jair Lot Vieira e Maíra Lot Vieira Micales
Produção editorial: Karine Moreto de Almeida
Revisão: Angela Moraes Pinheiro e Luana da Costa Araújo
Diagramação: Aniele de Macedo Estevo
Capa: Lumiar Design

Dados Internacionais de Catalogação na Publicação (CIP)
(Câmara Brasileira do Livro, SP, Brasil)

Engels, Friedrich, 1820-1895

Do socialismo utópico ao socialismo científico / Friedrich Engels; apresentação Edmilson Costa; [tradução Roberto Gold Korn]. – 3. ed. – São Paulo: Edipro, 2023.

Título original: Die Entwicklung des Sozialismus von der Utopie zur Wissenschaft

Bibliografia.

ISBN 978-65-5660-095-6 (impresso)
ISBN 978-65-5660-096-3 (e-pub)

1. Socialismo I. Costa, Edmilson. II. Título.

22-128519 CDD-320.531

Índice para catálogo sistemático:
1. Socialismo : Ciência política : 320.531

Cibele Maria Dias – Bibliotecária – CRB-8/9427

São Paulo: (11) 3107-7050 • Bauru: (14) 3234-4121
www.edipro.com.br • edipro@edipro.com.br
@editoraedipro   @editoraedipro

SUMÁRIO

Nota do editor 7

A concepção científica do socialismo 9

As condições históricas 10

O desenvolvimento das ideias socialistas 12

O socialismo científico 14

Prefácio à primeira edição alemã 17

Prefácio à quarta edição alemã 19

Prólogo à edição inglesa 21

A Inglaterra, berço do materialismo 25

O agnosticismo inglês, materialismo mascarado 28

Crescimento social da burguesia 31

A emancipação da burguesia 33

O materialismo do século XVIII e a Revolução Francesa 36

A burguesia inglesa contra o materialismo e a revolução 38

O aparecimento do proletariado inglês 40

Servilismo da burguesia inglesa 42

É necessária uma religião para o povo 45

Apesar de tudo o proletariado inglês se libertará 46

DO SOCIALISMO UTÓPICO
AO SOCIALISMO CIENTÍFICO

I Desenvolvimento do socialismo utópico 51

Do contrato social ao socialismo 52

O racional e o real – A reação utopista 54

O utopismo na França: Saint-Simon, Fourier 56

O utopismo inglês e Robert Owen 59

II Socialismo científico 65

A dialética se opõe à metafísica 66

O erro idealista de Hegel 69

Volta ao materialismo na concepção da natureza 70

Introdução do materialismo na concepção da história 71

As duas descobertas capitais de Marx 72

III Materialismo histórico 75

Evolução das forças produtivas 75

Conflito entre "as forças produtivas", que se tornaram sociais,
e as formas da produção, que permaneceram individuais
(entre o regime de produção e o regime de propriedade) 76

O antagonismo entre as forças produtivas e a propriedade
capitalista se traduz em um antagonismo de classes 79

Generalização da troca, anarquia na produção social 79

Outro antagonismo: organização da produção no interior
da fábrica – Anarquia da produção em toda a sociedade 81

As consequências 82

Tendência para a eliminação do capitalista individual 86

A solução de todos os antagonismos está na apropriação
das forças produtivas pela sociedade
(socialização dos meios de produção e de troca) 88

Missão do proletariado: abolição das classes
e dos estados de classe 89

Da era da fatalidade à era da liberdade 91

Resumo e conclusão 92

NOTA DO EDITOR

Do Socialismo Utópico ao Socialismo Científico não tem necessidade de ser prefaciado. Ele se agrupa ao *Manifesto do Partido Comunista* (também publicado pela Edipro, em edição comemorativa aos 150 anos da edição original – com todos os prefácios de Marx e Engels e incluindo os "Estatutos da Liga dos Comunistas"), como um dos livros indispensáveis para qualquer pessoa que deseje compreender o movimento socialista moderno. Ele tem sido traduzido em cada idioma onde o capitalismo prevaleceu, e sua circulação tem sido muito mais rápida hoje do que antes.

Completando essa linha de publicações, a Edipro também já editou de Karl Marx, *Salário, Preço e Lucro*; *O Capital* (edição condensada) e, de N. Bukharin, *ABC do Comunismo*, entre outros.

Friedrich Engels (1820-1895), principal colaborador de Marx, nasceu na Alemanha, estudou na Universidade de Berlim, onde se ligou aos "jovens hegelianos", e dedicou-se em sua vida a múltiplas atividades, desde o jornalismo, a militância política e o trabalho filosófico, até a administração da indústria de seu pai em Manchester, Inglaterra. Engels foi não só colaborador teórico de Marx, mas também seu amigo mais íntimo, tendo-o ajudado muito, inclusive financeiramente. Em 1845, publicou com Marx *A Sagrada Família*, em que eles rompem ao mesmo tempo o idealismo hegeliano e o materialismo mecanicista.

Torna-se mesmo por vezes difícil separar, nas principais teses do marxismo, quais as ideias de Marx e quais as de Engels, já que ambos escreveram quase sempre juntos desde que se conheceram, em 1844. Considera-se, geralmente, que o materialismo dialético, especialmente a dialética da natureza, é uma criação típica de Engels, sendo, no entanto, de grande importância e influência no desenvolvimento da filosofia marxista. Além das obras que escreveu juntamente com Marx, podemos citar as seguintes de sua autoria: *A Situação das Classes Trabalhadoras na*

Inglaterra (1845), *Do Socialismo Utópico ao Socialismo Científico* (1860), *Ludwig Feuerbach e o Fim da Filosofia Clássica Alemã* (1866), *A Transformação da Ciência pelo Sr. Dühring,* conhecida como *Anti-Dühring* (1878), *Dialética da Natureza* (escrita entre 1878-1888, porém publicada postumamente em 1925), e o clássico *A Origem da Família, da Propriedade Privada e do Estado* (1884).

Nesta edição a editora optou por "subdividir" em tópicos temáticos as três partes da obra para assim facilitar ao leitor uma melhor compreensão da mesma.

As notas de rodapé estão assim codificadas:

• Notas de Friedrich Engels = (F.E.)
• Notas do Editor inglês = (N.E.I.)
• Notas do Editor brasileiro = sem referência

A CONCEPÇÃO CIENTÍFICA DO SOCIALISMO

Edmilson Costa*

Friedrich Engels e Karl Marx foram os fundadores do socialismo científico e, ao longo de suas vidas, construíram uma parceria criativa cujas obras proporcionaram um *status* científico ao materialismo histórico e dialético. Parceiros de ideias e de práxis, Engels e Marx elaboraram um diagnóstico profundo do modo de produção capitalista, realizaram uma nova abordagem da filosofia, rompendo com os limites e incoerências do passado e identificaram os elementos constitutivos do processo de exploração e acumulação do capital; enfim, desenvolveram os fundamentos teóricos do socialismo e do comunismo, cujos aportes se transformaram em filosofia do proletariado.

Friedrich Engels nasceu em 1820 na cidade de Barmen, província renana da Prússia, e morreu em 1895. Apesar de ser filho de industriais, Engels desde muito cedo começou a se relacionar com os militantes do movimento operário. Ainda jovem, foi trabalhar em Manchester, na Inglaterra, onde conheceu de perto a situação de miséria dos trabalhadores ingleses, o que resultou num livro clássico, *A Situação da Classe Operária na Inglaterra,* que se tornou um libelo contra a burguesia da época.

Engels conheceu Marx em 1844, durante uma passagem por Paris, onde este vivia na época e, a partir daí, estabeleceram uma parceria que

---

(*) Edmilson Costa é doutor em Economia pela Unicamp, com pós-doutorado em Globalização e Capitalismo Contemporâneo pelo Instituto de Filosofia e Ciências Humanas da mesma instituição. É autor de *Reflexões sobre a crise brasileira* (Editora Ciências Revolucionárias, 2020), *A crise econômica mundial, a globalização e o Brasil* (Edições ICP, 2013), *A globalização e o capitalismo contemporâneo* (Expressão Popular, 2008), *Um projeto para o Brasil* (Tecno-científica, 1998), *A política salarial no Brasil* (Boitempo, 1997) e *Imperialismo* (Global, 1996), além de diversos artigos publicados em revistas e sites nacionais e internacionais. É o atual secretário-geral do Partido Comunista Brasileiro (PCB).

durou toda a vida. Escreveram conjuntamente diversos livros de referência para o movimento operário, sendo que o mais famoso deles foi o *Manifesto do Partido Comunista*, publicado em 1848. Em 1870, Engels passou a residir em Londres, onde Marx também já vivia, ocasião em que intensificaram a atividade intelectual até a morte de Marx, em 1883. Seu velho amigo Marx morreu sem ter tido oportunidade de completar sua mais fecunda obra, *O Capital*.[1] Em vida, Marx publicou apenas o primeiro dos quatro volumes. Coube a Engels organizar os rascunhos, preencher lacunas e publicar o volume II, em 1885, e o volume III em 1894. Engels morreu antes de completar a organização do quarto volume, mais conhecido como *Teorias da Mais-Valia*.

O livro *Do Socialismo Utópico ao Socialismo Científico* foi escrito com o objetivo de combater as concepções de Eugène Dühring, que em 1875 publicou uma obra que procurava construir uma nova e completa teoria do socialismo e organização da sociedade, só que procurando destruir tudo o que os filósofos e economistas escreveram anteriormente, especialmente Marx. Engels escreveu uma série de artigos contestando Dühring e três destes formam o livro *Do Socialismo Utópico ao Socialismo Científico*.

Neste livro, Engels analisa os materialistas do passado, sua luta contra a ignorância e o obscurantismo, bem como enfatiza seus limites e equívocos. Faz uma crítica ao agnosticismo, definindo-o como "materialismo envergonhado", sintetiza as principais características do materialismo dialético e da concepção materialista da história, ressaltando que este método identifica a causa primeira e o motor dos acontecimentos importantes no desenvolvimento econômico da sociedade, na transformação do modo de produção e de troca, bem como na luta de classes. Analisa ainda as principais contradições do capitalismo, que se expressam em burguesia e proletariado.

As condições históricas

O processo de desenvolvimento das concepções socialistas envolveu um longo desenvolvimento histórico, político e econômico. A ascensão

---

1. Ver MARX, Karl. *O Capital*. Tradução Albano de Moraes. Condensação Gabriel Deville. 3. ed. São Paulo: Edipro, 2008.

da burguesia e sua luta contra o feudalismo fez com que esta tivesse necessidade do desenvolvimento de uma ciência que analisasse as propriedades físicas dos objetos e as leis da natureza, de forma que assim pudesse se contrapor às ideias religiosas e supersticiosas, uma vez que a ciência no período feudal estava submetida às normas da Igreja.

Nesse sentido, Engels avalia que a luta das ideias contra a ordem feudal se desenvolveu em três grandes frentes: a reforma protestante de Lutero produziu uma nova religião que, apesar de servir aos interesses da monarquia alemã contra a aristocracia, continha fortes elementos de contestação à ordem da Igreja, abrindo assim espaço para a crítica de uma série de procedimentos religiosos, bem como para a contestação de dogmas da Igreja.

Posteriormente, Calvino assestou outro golpe na ordem religiosa--feudal, ao realizar uma reforma que correspondia aos interesses da burguesia então emergente. A predestinação, traduzida para o mundo comercial, significava que o sucesso ou o insucesso depende de forças econômicas desconhecidas. Além disso, a igreja de Calvino era democrática e republicana, e se adaptava mais aos interesses da burguesia que a de Lutero.

Em seguida, as duas grandes revoluções, a Revolução Inglesa e Revolução Francesa, cada uma à sua maneira, como ressalta Engels, travaram batalhas memoráveis contra a ordem feudal e a aristocracia. Essas duas revoluções derrotaram o feudalismo e a aristocracia e romperam com as tradições do passado, varreram os últimos vestígios feudais e impuseram como norma o código civil e não mais os mandamentos religiosos, além de realizarem a separação entre Igreja e Estado.

As revoluções burguesas e, posteriormente, o desenvolvimento da indústria fizeram nascer o proletariado, cada vez mais numeroso à medida que o capitalismo se desenvolvia. A dura situação de vida do novo proletariado o leva a estruturar suas reivindicações mediante a união nas associações, nos sindicatos e, numa etapa mais adiante, nos partidos políticos. Foi um longo aprendizado: primeiro, as lutas específicas por melhores condições de vida, depois os primeiros levantes, as sublevações, até culminar com a *Comuna de Paris,* expressão maior do desejo de libertação do proletariado do jugo da burguesia.

Dessa forma, das próprias entranhas do capitalismo nascia a sua antítese, a classe operária, agora experimentada e contestando a ordem burguesa. A burguesia, surpreendida com a força cada vez maior do proletariado, começou a perder o ímpeto revolucionário e tornar-se um freio ao desenvolvimento social, filosófico, científico e econômico. Assim, redescobre a religião e passa a incentivá-la visando dominar os operários e o povo em geral à sua ordem.

O desenvolvimento das ideias socialistas

A efervescência provocada pelas novas ideias na sociedade, bem como as lutas sociais realizadas pela população, possibilitou um conjunto de manifestações teóricas reivindicando uma nova sociedade. Nos séculos XVI e XVII surgiram as primeiras descrições utópicas da sociedade e no século XVII as teorias socialistas. "A igualdade não deveria mais limitar-se aos direitos (...) era preciso não só abolir os privilégios de classe, mas os antagonismos de classe", diz Engels.

Entre outras palavras, como sublinha Engels, o socialismo moderno é filho dos princípios formulados pelos filósofos franceses do século XVIII, que ousadamente submeteram à crítica todos os fundamentos da sociedade: religião, ciência, governo, tudo foi submetido ao tribunal da razão para poder justificar sua existência: "A razão tornou-se suprema regra de tudo". Ou seja, para esses filósofos, toda verdade material em contradição com a razão deveria ser subvertida.

Entre os principais socialistas utópicos, podem ser destacados os três mais importantes: Saint-Simon, Charles Fourier e Robert Owen.

Eram considerados utópicos porque não propunham a libertação de uma determinada classe, no caso a classe operária, mas de toda a humanidade. Vislumbravam uma ordem social ideal, sem aderência às condições do capitalismo em que viviam. Na verdade, suas ideias correspondiam ao tempo em que a burguesia e o proletariado estavam ainda nos seus primórdios.

Vejamos o que esses três precursores do socialismo pensavam: Saint-Simon estabeleceu uma visão inteligente da sociedade, cujas ideias podem ser consideradas o embrião do pensamento socialista. Ele defendia que os homens deveriam trabalhar, uma vez que somente os que trabalham podem usufruir os bens da sociedade. Advogava a necessidade da luta daqueles que trabalhavam contra os ociosos e via a Revolução Francesa como uma luta de classes, uma grande descoberta.

Já Fourier fez dura crítica à sociedade capitalista e às condições sociais existentes, desmascarou a burguesia, descreveu a miséria material e moral do mundo burguês, descobriu que a pobreza nasce da superabundância dos ricos e expôs as trapaças e a rapinagem do comércio francês de sua época. Foi também um pioneiro na defesa dos direitos da mulher: "E o primeiro a declarar que, em determinada sociedade, o grau de emancipação geral pode ser medido pelo grau de emancipação da mulher".

Mas aquele que não só teorizou sobre o socialismo utópico, como buscou praticá-lo nas empresas onde trabalhou, nos empreendimentos que liderou, foi Robert Owen. Ele viveu no período de desenvolvimento do capitalismo e pôde ver de perto as aglomerações dos proletários nos cortiços da cidade, as jornadas excessivas de trabalho, o trabalho das mulheres e crianças e a degradação moral do proletariado.

Jovem de 29 anos, diretor de fábrica, resolveu introduzir uma série de modificações nas relações de trabalho no interior da empresa. Transformou a empresa numa fábrica modelo de 2.500 operários, onde a embriaguês, a prisão, os processos e a caridade pública eram desconhecidos. Buscou melhorar a vida dos operários: criou creches e escolas; enquanto os operários nas fábricas de seus concorrentes trabalhavam de 13 a 14 horas, na fábrica de Owen a jornada era de 10 horas e meia. Durante uma crise econômica que parou o país por quatro meses, os operários na fábrica de Owen continuaram a receber integralmente os salários.

Mesmo com todas essas inovações, a fábrica ainda dava lucro.

Owen descobriu que o lucro obtido pelos capitalistas com a superexploração operária era apropriado pelos capitalistas industriais e bancários, também servindo para sustentar guerras e preservar os privilégios da aristocracia. Achava que essa riqueza deveria pertencer aos próprios operários e poderia ser a base de uma nova organização social.

Nessa perspectiva, Owen decidiu eliminar a miséria mediante a criação de colônias comunistas, que deveriam funcionar da maneira mais organizada possível. Mas essa opção foi um duro revés para Owen, pois antes, como industrial filantropo, colhia fama, riqueza e glória, tornando--se o homem mais popular da Europa; à medida que optou por essa linha mais radical, toda a situação mudou. Os burgueses o baniram da sociedade oficial e estabeleceram uma conspiração do silêncio, como diz Engels, em relação aos seus feitos. O pior de tudo é que suas experiências de comunas comunistas o arruinaram financeiramente.

Owen fez ainda várias experiências socializantes, como a criação das sociedades cooperativas de produção e consumo, com as quais buscava provar a inutilidade de industriais e comerciantes, e os chamados "bazares de trabalho", nos quais o papel-moeda tinha o valor da unidade de trabalho. Presidiu também um Congresso onde os sindicatos se uniram numa sociedade geral de resistência.

Mas o importante é que a luta de Owen influenciou a política, a economia e as relações sociais de sua época. O Parlamento britânico foi obrigado a editar leis que limitavam o trabalho das mulheres e crianças nas fábricas. "As opiniões dos utopistas dominaram por longo tempo as concepções socialistas do século XIX (...) O socialismo é, para os utopistas, expressão da verdade e da razão, da justiça absoluta que conquistará o mundo pela força de sua própria virtude."

O socialismo científico

Realmente, esse socialismo era confuso e ficava apenas no terreno da utopia, como dizia Engels. Para tornar o socialismo uma ciência, era necessário colocá-lo em termos científicos. Para se chegar a esse patamar, demandou-se também um longo desenvolvimento. Na Alemanha, a filosofia atingiu seu ponto alto com a dialética de Hegel.

"A dialética considera os objetos e suas representações intelectuais – as ideias – em movimento, em seu desenvolvimento e seu perecer. (...) Assim todo ser orgânico é, ao mesmo tempo, igual e diferente de si mesmo. Num mesmo instante assimila matérias e desassimila sua própria matéria; num mesmo momento células de seu corpo morrem e outras se criam; em maior ou menor espaço de tempo a matéria desse corpo é inteiramente renovada e substituída por outros átomos de matéria, de forma que todo ser orgânico é sempre e não é igual a si mesmo", diz Engels.

Com esses fundamentos, Hegel, pela primeira vez, construiu um sistema no qual o mundo inteiro, natural, histórico e intelectual, foi representado como um processo, ou seja, como estando em mudança, transformação e desenvolvimento e no qual se procura encontrar a ligação íntima, formando um todo entre esse movimento e esse desenvolvimento. Para Engels, com essa descoberta, a história humana não mais aparece como um caos, mas como a própria evolução da humanidade. O problema do pensamento era seguir a marcha lenta e progressiva dessa evolução e descobrir as leis íntimas desses fenômenos aparentemente ocorridos ao acaso.

Mas como enfatiza o próprio Engels, apesar de Hegel ser o cérebro mais enciclopédico de sua época, não conseguiu resolver o problema que ele próprio formulou, porque Hegel era idealista, o que significa dizer que, em vez de considerar suas ideias como reflexo intelectual dos objetos e do movimento do mundo real, considerava os objetos do mundo real e suas transformações como reflexo de suas ideias. Para Hegel, a ideia de uma coisa preexistia à própria coisa. O mundo tinha sido criado à imagem de uma ideia eterna: era a ideia absoluta, que existia à parte e independente do mundo real. A dialética em Hegel estava de cabeça para baixo, como diriam depois Engels e Marx.

As críticas às concepções de Hegel retomaram a questão do materialismo, só que agora buscavam diferenciar-se do materialismo mecânico ou metafísico do passado e tendo a dialética como norte das concepções do mundo.

"O materialismo moderno condensa os progressos recentes das ciências naturais, segundo as quais a natureza também tem sua história no tempo; os corpos celestes e as espécies orgânicas nascem e morrem. Além disso, o materialismo moderno tem a tarefa de descobrir as leis do desenvolvimento da história", diz Engels.

Uma série de fenômenos sociais ocorridos no sistema capitalista contribuiu para uma melhor compreensão da história, especialmente em função da emergência do movimento operário. O desenvolvimento da grande indústria ampliou o número de operários. Estes vão ganhando experiência de organização e iniciam as jornadas de luta contra a burguesia. A luta de classes irrompe no cenário histórico desmascarando as falácias de identidade entre capital e trabalho e progresso geral da sociedade por meio da iniciativa privada.

Esses novos fatos foram impondo uma nova concepção da história. Foi-se verificando que a estrutura econômica de determinada sociedade forma sempre a base real que devemos estudar para compreender a formatação da superestrutura, das instituições políticas e jurídicas assim como as concepções religiosas. Com esse novo entendimento da história, o idealismo foi expulso de seu último refúgio, a ciência histórica. Estava constituída a base de uma ciência histórica materialista e aberto o caminho para explicar a maneira de pensar e viver dos seres humanos. Nesse contexto surgem Marx e Engels, que buscaram investigar o lugar histórico do modo de produção capitalista e do desenvolvimento da humanidade. Eles analisaram os meandros da sociedade capitalista, os segredos da exploração e da acumulação do capital, as causas do enriquecimento da burguesia e da pobreza do proletariado e a inevitabilidade de seu desmoronamento no futuro.

Em outras palavras, Marx e Engels descobriram que a ordem social vigente é fruto de uma longa evolução das forças produtivas. "Se quisermos descobrir as causas de qualquer metamorfose ou revolução social, não devemos procurar no cérebro humano, nem no conhecimento superior da verdade e da justiça eternas, mas nas metamorfoses do modo de produção e de troca."

Para Engels, a burguesia derrubou a ordem feudal para estabelecer, sobre suas ruínas, a ordem burguesa, o reino da livre concorrência, do contrato livre e da igualdade perante a lei. Da mesma forma, a ordem burguesa também será superada pelas suas próprias contradições. Quando as forças produtivas capitalistas entrarem em choque com as relações de produção, estarão maduras as possibilidades de superação do sistema e a missão do proletariado é construir uma nova sociedade, a sociedade socialista, com o fim da exploração e abolição da sociedade de classes.

PREFÁCIO
À PRIMEIRA EDIÇÃO ALEMÃ

O folheto a seguir origina-se de três dos capítulos de meu trabalho: *M. E Dühring bouleverse la science* (*O Senhor E. Dühring subverte a ciência*), Leipzig, 1878. A obra foi elaborada para meu amigo Paul Lafargue para fins de tradução em francês, e acrescentei, ainda, alguns novos desenvolvimentos. A tradução francesa, que revi, apareceu inicialmente na *Revue socialiste*, depois em brochura sob o título *Socialisme utopique et socialisme scientifique*, Paris, 1880. Uma versão em polonês, a partir da tradução francesa, que acaba de ser lançada em Genebra sob o título *Socyjalism utopijny a naukowy*, *Imprimerie de l'Aurore, Genève*, 1882.

O sucesso surpreendente da tradução de Lafargue nos países de língua francesa e, particularmente, na própria França iria mesmo necessariamente impor a questão: uma edição alemã separada destes três capítulos não seria igualmente útil? Então, a redação do *Sozialdemokrat* de Zurich me fez saber que, no partido social-democrata alemão, reclamava-se de maneira geral a edição de novos folhetos de propaganda e me perguntava se não queria destinar para esse fim estes três capítulos. Concordei, naturalmente, e coloquei meu trabalho à disposição.

Mas, originalmente, não tinha sido redigido de modo algum tendo em vista a propaganda popular direta. Como um trabalho de primeira linha e puramente científico poderia se prestar a tais objetivos? Que modificações seriam necessárias, na forma e no conteúdo?

Quanto à forma, só as numerosas palavras estrangeiras poderiam incomodar. Mas o próprio Lassalle não economizara as palavras estrangeiras em seus discursos e escritos de propaganda, e, pelo que sei, não houve reclamações. Desde esta época, operários leram muito mais jornais e com frequência muito maior, tornando-se, assim, bem mais familiarizados com as palavras estrangeiras. Cuidei de descartar os termos estrangeiros inúteis. Quanto aos que são inevitáveis, abdiquei de acrescentar traduções ditas explicativas. Os termos estrangeiros inevitáveis, para a maioria das expressões científicas e técnicas geralmente usadas, não seriam inevitáveis se pudessem ser traduzidos. A tradução falseia, então, o sentido; em lugar de explicar, confunde. A informação oral é, neste caso, bem mais útil.

Ao contrário, o conteúdo – creio poder afirmá-lo – oferecerá pouca dificuldade aos trabalhadores alemães. Em princípio, só o terceiro capítulo é difícil, mas muito menos para os trabalhadores dos quais resumo as condições gerais de existência do que para os burgueses "cultivados". Nos numerosos comentários adicionais que aqui dei, pensei menos nos operários do que nos leitores "cultivados"; a esses, digamos, como o Senhor Deputado von Eynern, o Senhor Conselheiro secreto Heinrich von Sybel e outros *Treitschke*, em benefício de seu cuidado irresistível de nos brindar sem cessar por escrito com sua atroz ignorância e colossal incompreensão do socialismo – uma explica a outra. Se Don Quixote atacou com lanças moinhos de vento, era sua função e seu papel; mas não podemos permitir tal coisa a Sancho Pança.

Esse gênero de leitores certamente ficará estupefato ao encontrar em um esboço da história do desenvolvimento do socialismo a cosmogonia de Kant e de Laplace, as ciências modernas da natureza de Darwin, a filosofia clássica alemã de Hegel. Ora, acontece que o socialismo científico é um produto essencialmente alemão, e não poderia nascer senão na nação que manteve viva a tradição da dialética consciente: a Alemanha. A concepção materialista da história e sua aplicação particular à luta de classes moderna entre proletariado e burguesia não seria possível senão por meio da dialética. Mas se os mestres-escolas da burguesia alemã negaram os grandes filósofos alemães e a dialética da qual eram representantes em prol de um sinistro ecletismo, ao ponto de sermos constrangidos a fazer apelo às ciências modernas da natureza para atestar a confirmação da dialética na realidade, nós, os socialistas alemães, temos orgulho de não descender apenas de Saint-Simon, de Fourier e de Owen, mais também de Kant, de Fichte e de Hegel.

Londres, 21 de setembro de 1882

Friedrich Engels

PREFÁCIO
À QUARTA EDIÇÃO ALEMÃ

Como eu supunha, o conteúdo desta obra deveria oferecer poucas dificuldades para os trabalhadores alemães. Pelo menos foi o que se verificou, desde março de 1883, data de aparição da primeira edição, quando três tiragens, num total de 10 mil exemplares, esgotaram-se, e isso sob o reino da defunta lei antissocialista – o que constitui, ao mesmo tempo, um novo exemplo da impotência das interdições policiais face a um movimento social como o do proletariado moderno.

Desde a primeira edição, diversas traduções em línguas estrangeiras ainda apareceram: uma edição italiana de Pasquale Martignetti *Il Socialismo utopico e il Socialismo scientifico*, Bénévent, 1883; uma edição russa: *Razvitie naucznago Socializma*, Genève, 1884; uma edição dinamarquesa *Socialismens Udvikling fra Utopi til Videnskab*, na "Socialistik Bibliothek", I. Bind, Copenhague, 1885; uma edição espanhola: *Socialismo utopico y Socialismo científico*, Madri, 1886; e uma edição holandesa: *De Ontwikkeling van het Socialisme van Utopie tot Wetenschap*, Haia, 1886.

A presente edição teve pequenas modificações. Adições de alguma importância só foram feitas em dois lugares: no primeiro capítulo, a respeito de Saint-Simon, que estava um pouco em desvantagem em relação a Fourier e Owen, e no final do terceiro capítulo, a propósito da forma de produção dos "trustes", que ganharam importância desde então.

Londres, 12 de maio de 1891

Friedrich Engels

PRÓLOGO
À EDIÇÃO INGLESA[1]

Este estudo foi extraído de uma obra maior. Em 1875, o Dr. Eugen Dühring,[2] *privat-docent* (livre-docente) na Universidade de Berlim, anunciou, súbita e mesmo ruidosamente, sua conversão ao socialismo e apresentou-se ao público alemão com uma teoria socialista completa, a qual comportava todo um plano de reorganização prática da sociedade: como era de esperar, caiu com a máxima violência sobre seus predecessores e sobretudo sobre Marx, a quem honrou com uma saraivada de desaforos.

Isso se passava mais ou menos na época em que se fundiam as duas frações do Partido Socialista Alemão – os *eisenachianos* e os *lassalleanos*[3] – e cresciam por isso, não só em forças, mas também, o que ainda é mais importante, adquiriam o meio de dirigir toda essa força contra o inimigo comum. O Partido Socialista tornava-se rapidamente uma potência, na Alemanha. Mas, para isso, era preciso que a unidade novamente con-

---

1. Esta introdução foi escrita em abril de 1892, para a edição inglesa publicada em Londres e em Nova York no mesmo ano.

2. Karl Eugen Dühring – filósofo e economista alemão (Berlim, 1833 – Nowawes, 1921). Ensinou filosofia na Universidade de Berlim. Partidário do ateísmo, combateu a concepção judaico-cristã e, antes de Nietzsche, interpretou o cristianismo como expressão de um ressentimento dos fracos. Em economia política, foi discípulo de List e Carey, cujas ideias expôs com um notável espírito científico. Adversário do socialismo marxista, esforçou-se sempre por fazer sobressair a importância dos fatores morais e pessoais na economia. Julgava-se um gênio perseguido e incompreendido. Sua obra contém críticas e polêmicas contra a cultura oficial alemã de sua época. Diversas de suas teses antissemitas foram retomadas pelos teóricos do nacional-socialismo.

3. No "Congresso de Gotha", celebrado de 22 a 25 de maio de 1875, uniram-se as duas correntes do movimento operário alemão: o Partido Operário Social-democrata (os eisenachianos), dirigido por A. Bebel e W. Liebknecht, e a lassalleana Associação Geral de Operários Alemães. O partido unificado adotou a denominação de Partido Operário Socialista da Alemanha. Assim se conseguiu superar a cisão nas fileiras da classe operária alemã. O projeto de programa do partido unificado, proposto ao Congresso de Gotha, apesar da dura crítica que lhe haviam feito Marx e Engels (v. *Crítica ao Programa de Gotha*), foi aprovado no Congresso com modificações insignificantes.

quistada não fosse ameaçada, e o Dr. Dühring começou abertamente por agrupar em torno de sua pessoa uma camarilha, núcleo do que seria, no futuro, um partido à parte.[4] Era, pois, necessário aceitar o desafio que nos era lançado e, de bom ou mau grado, empreender a luta. A ação não era extraordinariamente difícil, porém de grande duração.

Nós outros, alemães, como todos sabem, somos de uma terrível e impertinente *Gründlichkeit*[5], profundamente radical ou radicalmente profunda, como queiram denominá-la. Todas as vezes que um de nós produz o que considera uma nova teoria, deve começar por elaborá-la em um sistema que abrace o universo. Deve demonstrar que os primeiros princípios da lógica e que as leis fundamentais da natureza só existiam desde os tempos imemoriais para conduzir o espírito humano à teoria recém-descoberta, remate de tudo.

A este respeito, o Dr. Dühring estava à altura do gênio nacional. O seu sistema não era nada menos do que um *Sistema Completo da Filosofia* – filosofia intelectual, moral, natural e da história –, um *Sistema Completo de Economia Política e de Socialismo* e, finalmente, uma *História Crítica de Economia Política* – três grossos volumes, tão pesados de veste como de conteúdo, três batalhões de argumentos mobilizados contra todos os filósofos e economistas anteriores em geral, e contra Marx em particular, na realidade uma tentativa de completa "subversão da ciência" – eis a obra que me devia preocupar. De tudo tinha a tratar e ainda de outros assuntos; desde os conceitos de tempo e de espaço até ao bimetalismo[6], desde a eternidade da matéria e do movimento até a natureza transitória de nossas ideias morais, desde a seleção natural de Darwin até a educação da juventude na sociedade futura. Todavia, a universalidade sistemática de meu adversário me proporcionava ocasião de desenvolver, em oposição a ele e pela primeira vez depois dele, as opiniões que tínhamos, Marx e eu, sobre essa grande variedade de as-

---

4. Bernstein pertencia a essa camarilha: arrastado pelas necessidades da luta que o Partido sustentava contra Bismarck, dela desertou ainda em vida de Marx e Engels. Quando em 1892, Engels escrevia estas linhas, estava longe de prever que Bernstein, que ele escolhera para ser um de seus testamenteiros, devia virar a casaca depois de sua morte, voltar a seus primeiros amores e tentar formar o partido separatista que ele matara em embrião. (N.E.I.)

5. *Penetração*.

6. Bimetalismo: sistema monetário, no qual as funções de dinheiro são cumpridas simultaneamente pelo ouro e pela prata.

suntos. Tal foi a principal razão que me induziu a empreender esta tarefa, aliás ingrata.

Minha resposta, primeiramente publicada em uma série de artigos no *Vorwärts*[7] de Leipzig, o principal órgão do Partido Socialista, foi em seguida impressa em um volume sob o título: *Reviravolta da Ciência pelo Sr. Eugen Dühring*. Uma segunda edição apareceu em Zurique em 1886.[8]

A pedido do meu amigo Paul Lafargue,[9] recompus três capítulos[10] deste volume para formar uma brochura que ele traduziu e publicou[11] em 1880, com o título de *Socialismo Utópico e Socialismo Científico*. Edições polaca e espanhola foram feitas segundo o texto francês; em 1883, porém, os amigos da Alemanha editaram a brochura no original; depois, traduções feitas do texto alemão foram publicadas em italiano, russo, holandês, rumaico, de tal forma que, com esta tradução inglesa, o volumezinho circula em dez línguas. Não conheço qualquer outra obra socialista, mesmo nosso *Manifesto Comunista*[12] de 1848 e *O Capital* de Marx, que tenha sido traduzida tantas vezes. Na Alemanha tiraram-se quatro edições formando um total de 20 mil exemplares.

O apêndice "A Marca"[13] foi escrito com o propósito de difundir entre o Partido Socialista Alemão algumas noções elementares acerca da história e do desenvolvimento da propriedade rural na Alemanha. Naquele tempo, esse procedimento era extremamente necessário, tanto mais que

---

7. *Vorwärts* (*Avante*): órgão do Partido Operário Socialista Alemão, foi publicado em Leipzig de 1º de outubro de 1876 a 27 de outubro de 1878. A obra de Engels, *Anti-Dühring*, foi publicada nele de 3 de janeiro de 1877 a 7 de julho de 1878.

8. O *Anti-Dühring* (como o chamam os alemães) é um conjunto de escritos de Engels criticando o socialismo proposto pelo Dr. Dühring e respondendo a suas críticas contra Marx e a Internacional. Em 1911 foi traduzido para o francês por Edmond Laskine (1 volume, 420 p.) e intitulado *Filosofia, Economia Política, Socialismo contra Eugen Dühring*. A presente obra é uma parte do *Anti-Dühring*.

9. Paul Lafargue foi um revolucionário jornalista socialista francês e genro de Karl Marx. Escreveu dentre outras coisa o *Direito à Preguiça* e foi grande propagador do socialismo.

10. São: o cap. I da Introdução, os caps. I e II da 3ª Parte. O cap. I da Introdução foi cortado em duas partes, entre as quais foi intercalado o cap. I da 3ª Parte.

11. Na primeira *Revista Socialista*, a de 1880. Na presente edição encontram-se, além das notas originais de Engels, as de Lafargue.

12. O *Manifesto do Partido Comunista*, publicado pela primeira vez em fevereiro de 1848, é um dos escritos políticos de maior influência mundial. Encomendado pela Liga Comunista e escrito por Karl Marx e Friedrich Engels. Vide MARX, Karl; ENGELS, Friedrich. *Manifesto do Partido Comunista*. Tradução, prefácio e notas Edmilson Costa. 3. ed. São Paulo: Edipro, 2015.

13. Não incluso nesta edição.

a incorporação dos operários urbanos ao Partido havia feito um grande progresso, e já se colocava a tarefa de se dedicar às massas de operários agrícolas e dos camponeses. Esse apêndice foi incluído na edição considerando a circunstância de que as formas primitivas de posse da terra, comuns a todas as tribos teutônicas, assim como a história de sua decadência, são ainda menos conhecidas na Inglaterra do que na Alemanha.

Deixei o texto na sua forma original, sem aludir à hipótese recentemente proposta por Maxim Kovalevski, segundo a qual a repartição das terras de cultivo e de pastagem entre os membros da Marca precedeu ao cultivo em comum dessas terras por uma grande comunidade familiar patriarcal, que compreendia várias gerações (pode servir de exemplo a "Zádruga" do sul da Eslávia, até hoje existente). Logo que a comunidade cresceu e se tomou demasiadamente numerosa para administrar em comum a economia, verificou-se a repartição[14] da terra. É provável que Kovalevski tenha razão, mas o assunto ainda se encontra *sub judice*.

Os termos de economia empregados neste trabalho coincidem com os da edição inglesa de *O Capital* de Marx. Designamos como "produção de mercadorias" aquela fase econômica em que os objetos não são produzidos apenas para o uso do produtor, mas também para os fins de troca, isto é, como mercadorias e não como valores de uso.

Essa fase vai dos primórdios da produção para a troca até os tempos presentes; mas só alcança seu pleno desenvolvimento sob a produção capitalista, isto é, sob as condições em que o capitalista, proprietário dos meios de produção, emprega, em troca de um salário, operários, homens despojados de todo meio de produção, com exceção de sua própria força de trabalho, e embolsa o excedente do preço de venda dos produtos sobre o seu custo de produção. Dividimos a história da produção industrial desde a Idade Média em três períodos: 1) indústria artesanal, pequenos mestres artesãos com alguns oficiais e aprendizes, em que cada operário elabora o artigo completo; 2) manufatura, em que se congrega em um amplo estabelecimento um número considerável de operários, elaborando-se o artigo completo de acordo com o princípio da divisão do trabalho, onde cada operário só executa uma operação parcial, de tal modo que

---

14. Engels se refere aos trabalhos de M. Kovalevski "Tableau des origines et de l'évolution de la famille et de la proprieté" ("Ensaio acerca da origem da família e da propriedade"), publicado em 1890, em Estocolmo, e "Pervobytnoye pravo" ("Direito primitivo"), fascículo 1, "La Gens", Moscou, 1886.

o produto só está completo e acabado quando tenha passado sucessivamente pelas mãos de todos; 3) indústria moderna, em que o produto é fabricado mediante a máquina movida pela força motriz e o trabalho do operário se limita a vigiar e retificar as operações do mecanismo.

A Inglaterra, berço do materialismo

Sei perfeitamente que este trabalho não será acolhido favoravelmente por uma parte considerável do público inglês. Mas se nós, continentais, tivéssemos prestado a menor atenção aos preconceitos da respeitabilidade britânica, achar-nos-íamos em uma pior posição do que a em que nos achamos. Esta brochura defende o que chamamos de "materialismo histórico" e a palavra materialismo fere os ouvidos da imensa maioria dos leitores ingleses. Agnosticismo pode ser tolerado, porém materialismo é absolutamente inadmissível.[15] E, entretanto, o berço do materialismo moderno é, no século XVII, a Inglaterra.

O materialismo é filho natural da Grã-Bretanha. Já seu grande escolástico, Duns Scott, indagava se a matéria não podia pensar.

Para realizar este milagre recorria à onipotência divina, forçou dessa maneira a teologia a pregar o materialismo. Além disso, era nominalista. O nominalismo, esta primeira forma do materialismo, floresce principalmente entre os escolásticos ingleses.

O pai autêntico do materialismo inglês e da ciência experimental é Bacon. A ciência natural é para ele a verdadeira ciência, e a física, baseada na experiência dos sentidos, é a parte fundamental da ciência natural. Anaxágoras e suas *homoiomerias*,[16] Demócrito e seus átomos são suas autoridades preferidas. Os sentidos são em sua doutrina infalíveis: são a fonte de todo o conhecimento. A ciência é ciência experimental, tem por função submeter

---

15. Herbert Spencer, Huxley, os filósofos, os sábios do darwinismo, para não chocar a respeitabilidade de seus compatriotas, apelidaram-se agnósticos, querendo significar, por essa palavra grega, que estavam privados de todo conhecimento sobre Deus, a matéria, as causas finais, a coisa em si etc. Humoristas a traduziram em inglês: *know-nothing*, nada conheço! Augusto Comte tinha igualmente desembaraçado seu positivismo dessas questões importunas para não desagradar a burguesia francesa que renegava a filosofia do século XVIII, e que, como o cão da Bíblia, voltava a seu vômito católico. (N.E.I.)

16. *Homoiomerias*: minúsculas partículas qualitativamente determinadas e divisíveis infinitamente. Anaxágoras considerava que as *homoiomerias* constituíam a base inicial de todo o existente e que suas combinações davam origem à diversidade das coisas.

a um método racional os dados fornecidos pelos sentidos. A indução, a análise, a comparação, a observação, a experimentação, são as principais formas de um método racional. A primeira e a principal das propriedades inatas da matéria é o movimento, não só como movimento mecânico e matemático, mas ainda e sobretudo como impulso, princípio vital, tensão, tortura *("Qual")*,[17] para empregar a expressão de Jacob Boehme. O materialismo, em Bacon, seu primeiro criador, é ainda ingênuo e oculta os germens de um desenvolvimento universal. A matéria sorri ao homem em todo seu sensual e poético esplendor. Mas a doutrina aforística está cheia de inconsequências teológicas.

O materialismo, no curso de seu desenvolvimento, torna-se unilateral. Hobbes sistematiza o materialismo baconiano. O sensualismo perde o brilho e torna-se abstrato sensualismo de geômetra. O movimento físico é sacrificado ao movimento mecânico ou matemático: a geometria é proclamada a primeira das ciências. O materialismo se faz misantropo: para vencer o misantrópico e mirrado espiritualismo no seu próprio terreno, foi preciso que o materialismo mortificasse sua própria carne fazendo-se asceta. Aparece como um ser de razão e, como tal, desenvolve sem escrúpulos as consequências da razão.

Hobbes, partindo de Bacon, demonstra que, se são os sentidos que fornecem todos os conhecimentos ao homem, então as concepções e as ideias não passam de fantasmas do mundo material mais ou menos despidos de suas formas sensíveis. A ciência só pode dar nome a esses fantasmas. Pode-se aplicar um nome a vários fantasmas. Pode mesmo haver nomes de nomes. Mas isso seria uma contradição, de um lado admitir que todas as ideias tiram sua origem do mundo sensível, e, de outro lado, pretender que uma palavra é mais que uma palavra; que, além de seres percebidos pelos nossos sentidos e sempre individuais, existem ainda seres gerais. Falar de uma substância incorpórea é tão absurdo como falar de um corpo incorpóreo. Corpo, Ser, Substância são somente termos diferentes para uma única e mesma realidade. Não se poderia separar o pensamento da matéria pensante. Essa matéria é o *substractum* de todas as transformações que se operam. A palavra *infinito* só tem sentido quando significa faculdade de nosso espírito de somar sem fim. Posto que somente as coisas materiais são perceptíveis por nossos sentidos, nada se sabe da existência de Deus e só minha própria existência é certa. Toda paixão humana é um movimento

---

17. *"Qual"* é um trocadilho filosófico. *Qual* significa literalmente tortura, um sofrimento que leva a uma ação qualquer. O místico Boehme dá também à palavra alemã alguma causa da significação de *qualitas*: seu *qual* era o princípio ativo, provindo do objeto, da relação ou da pessoa, e determinando por sua vez seu desenvolvimento espontâneo, em oposição a um sofrimento que lhe seria infligido de fora. (F.E.)

mecânico que começa ou acaba. Os objetos dos impulsos são o bem. O homem está sujeito às mesmas leis que a natureza. Força e liberdade são coisas idênticas.

Hobbes tinha sistematizado Bacon, mas não tinha fornecido provas em apoio ao seu princípio fundamental, que a origem dos conhecimentos e das ideias está no mundo sensível: é Locke quem fornece esta prova em seu *Ensaio sobre a Origem do Entendimento Humano*.

Se Hobbes tinha reduzido a zero os preconceitos teístas do materialismo de Bacon – Collins, Dodwall, Coward, Hartley, Priestley etc. abateram a última barreira teológica do sensualismo de Locke. Em todo caso, para o materialismo prático, o teísmo não passa de uma maneira cômoda de se desembaraçar da religião.[18]

Assim escrevia Marx a propósito da origem britânica do materialismo moderno. Se os ingleses de hoje não se sentem especialmente satisfeitos com a justiça feita a seus antepassados, pior para eles! O que permanece inegável é que Bacon, Hobbes e Locke são os pais dessa brilhante plêiade de materialistas que, a despeito das vitórias em terra e no mar alcançadas pelos ingleses e pelos alemães, fizeram do século XVIII o século francês por excelência, mesmo antes da sua consagração pela Revolução Francesa, cujos resultados nós, *outsiders*,[19] tentamos aclimatar, na Alemanha e na Inglaterra.

Não se pode negar: o estrangeiro culto que, em meados do século residia na Inglaterra, ficava estupefato por ser obrigado a inclinar-se diante da estupidez e da beatice religiosa da "respeitável" classe média inglesa. Éramos nessa época todos materialistas ou pelo menos livres-pensadores muito avançados; era para nós inconcebível que quase todas as pessoas instruídas pudessem dar crédito a todas as espécies de milagres impossíveis e até os geólogos, como Buckland e Mantell, torcessem os dados da ciência para não ficarem em contradição com os mitos da gênese: para encontrar homens intelectualmente ousados em matéria religiosa era preciso procurar entre os iletrados, os *great unwashed*, como eram chamados especialmente os socialistas owenitas.[20]

---

18. MARX, Karl. *Die Heilige Familie (A Sagrada Família)*. Francfort, 1845, p. 201-204.
19. *Outsider* em inglês significa: o que está de fora.
20. *Great unwashed*, literalmente, os grandes não lavados: Ledru-Rollin, Mazzini, Pyat e os republicanos – "água-de-rosa de 1848", tinham o mesmo desprezo pelos socialistas, diziam que os *democ-socs* estavam em "guerra com o sabão". O asseio é um luxo caro, que os operários depenados pela burguesia só muito dificilmente podem pagar: aqueles belos

O agnosticismo inglês, materialismo mascarado

Depois a Inglaterra civilizou-se. A Exposição de 1851 tocou o dobre de finados de seu exclusivismo insular: internacionalizou-se gradualmente pela alimentação, pelos costumes e pelas ideias, a tal ponto que começou a desejar que certos costumes e hábitos ingleses progredissem no continente como outros costumes continentais progrediram aqui. Não importa, o uso do azeite na salada, que só a aristocracia conhecia antes de 1851, foi paralelo à voga do ceticismo continental em matéria religiosa e aconteceu que o agnosticismo, sem ser ainda considerado tão elegante como a Igreja anglicana, é colocado, no que tange à respeitabilidade, no mesmo plano que a Igreja batista e incontestavelmente acima do Exército da Salvação.[21] Não posso deixar de pensar que, na circunstância, será um consolo, para os que lamentam os progressos da irreligião, saber que essas "noções de recente data" não são de origem estrangeira e manufaturadas na Alemanha, assim como muitos objetos de uso cotidiano, mas que são, sem contradição possível, tudo o que há de mais "Old England" e que os autores ingleses de duzentos anos atrás iam muito mais longe que os seus descendentes de hoje ousam ainda fazer.

De fato, que é o agnosticismo, senão um materialismo envergonhado? A concepção da natureza que tem o agnóstico é inteiramente materialista. O mundo natural é governado por leis e não admite a intervenção de uma ação exterior; mas, acrescenta: "Não possuímos meios de afirmar ou de negar a existência de um ser superior qualquer, além do universo conhecido". Isso podia ter sua razão de ser na época em que Laplace respondia orgulhosamente a Napoleão que lhe perguntara porque em sua *Mecânica Celeste* nem sequer havia mencionado o nome do Criador: "Não havia necessidade dessa hipótese". Mas hoje, com nossa concepção evolucionista do universo, não há mais lugar, absolutamente, para um criador ou um coordenador; e falar de um ser supremo, expulso de todo o universo existente, implica uma contradição nos termos e me parece uma injúria gratuita ao sentimento das pessoas religiosas.

---

espíritos jogavam na cara da classe operária a miséria que os seus parceiros impõem a esta. (N.E.I.)

21. O batismo é uma seita numerosa na Inglaterra e nos Estados Unidos: seu dogma característico é batizar na idade adulta pela imersão completa do corpo do crente. (N.E.I.)

Nosso agnóstico admite também que nossos conhecimentos são baseados nos dados fornecidos pelos sentidos, porém apressa-se em acrescentar: "Como saber se nossos sentidos nos fornecem representações corretas dos objetos percebidos por seu intermédio?". E continua nos informando que quando fala dos objetos e de suas qualidades, não subentende, na realidade, esses objetos e essas qualidades, dos quais nada se pode saber ao certo, mas simplesmente as impressões por eles produzidas sobre seus sentidos. Parece-nos difícil combater com argumentos essa maneira de raciocinar. Mas, antes da argumentação, era a ação.

In Anfang war die Tat.[22] E a ação humana resolveu a dificuldade muito tempo antes que a engenhosidade humana a tivesse inventado. "The proof of the pudding is in the eating."[23]

Desde que empregamos para nosso uso esses objetos, segundo as qualidades que neles percebemos, submetemos a uma prova infalível a exatidão ou inexatidão de nossas percepções sensoriais. Se essas percepções são falsas, o uso dos objetos que elas nos sugeriram é falso; por conseguinte, nossa tentativa deve fracassar. Mas, se conseguirmos atingir nosso fim, se constatamos que o objeto corresponde à ideia que dele temos, é a prova positiva de que nossas percepções do objeto e suas qualidades concordam até aí com a realidade fora de nós.

Quando fracassamos não nos demoramos, geralmente, em descobrir a causa de nosso insucesso; achamos que a percepção que serviu de base à nossa tentativa, ou era por si mesma incompleta ou superficial, ou tinha sido legada de uma maneira que a realidade não justificava com os dados de outras percepções – é o que chamamos de um raciocínio defeituoso. Muitas vezes também tomamos o cuidado de educar e de utilizar corretamente nossos sentidos e de encerrar nossa ação nos limites prescritos por nossas percepções corretamente obtidas e corretamente utilizadas, também encontraremos que o resultado de nossa ação demonstra a conformidade de nossas percepções com a natureza objetiva dos objetos percebidos. Até aqui, não há um só exemplo que nossas percepções sensoriais, cientificamente controladas, gerem em nosso espírito ideias sobre o mundo exterior, que estejam por sua própria natureza em contradição com a realidade ou que

---

22. "No começo era a ação." (Goethe, em *Fausto*).
23. "O pudim se prova comendo.".

haja incompatibilidade imanente entre o mundo exterior e as percepções sensoriais que dele possuímos.

Apresenta-se, agora, o agnóstico neo-kantiano e diz: "Podemos corretamente perceber as qualidades de um objeto, porém, por nenhum processo sensorial ou mental, podemos conhecer a coisa em si. A coisa em si está além do nosso alcance".

Hegel, desde muito, respondeu: "Se conheceis todas as qualidades de uma coisa, conheceis a coisa em si; nada mais resta senão o fato de que essa coisa exista fora de vós e quando vossos sentidos vos fizerem perceber este fato, tereis apreendido o último remanescente da coisa em si, o célebre incognoscível, o *Ding an sich*[24] de Kant". É justo acrescentar que, no tempo de Kant, nosso conhecimento dos objetos naturais era tão fracionado que ele podia julgar-se com o direito de supor, além do pouco que conhecíamos de cada um deles, uma misteriosa "coisa em si". Mas essas inatingíveis coisas foram, umas após outras, compreendidas, analisadas e ainda mais reproduzidas pelos progressos gigantescos da ciência: o que podemos produzir, não podemos pretender considerá-lo como inatingível. As substâncias orgânicas eram assim, para a química da primeira metade do século, objetos misteriosos; hoje aprendemos a fabricá-las umas após outras com seus elementos químicos, sem o auxílio de qualquer operação orgânica. Os químicos modernos declararam que desde que a constituição química de um corpo qualquer é conhecida, pode ser fabricado com seus elementos. Ainda estamos longe de conhecer a constituição das substâncias orgânicas mais elevadas, os corpos albuminoides; mas não há motivo para perder a esperança de chegarmos a esse conhecimento, depois de séculos de pesquisas, se for preciso, e que assim premunidos cheguemos a produzir albumina artificial. Quando aí chegarmos, fabricaremos a vida orgânica, porque a vida, de suas mais simples às mais complexas formas, é a maneira de ser normal dos corpos albuminoides.

Entretanto, depois que nosso agnóstico fez essas reservas mentais de pura forma, fala e age como o mais consumado materialista, que no fundo é. Dirá ele bem: "Considerado o estado de nossos conhecimentos, a matéria e o movimento – a energia, como se diz agora – não podem ser nem criados, nem destruídos, mas não temos provas de que não tenham sido criados em um momento qualquer". Mas se tentais

---

24. A "coisa em si", no sistema de Kant, opõe-se ao "fenômeno", que é objeto do conhecimento.

volver contra ele esse raciocínio em um caso particular qualquer, ele se apressa em encerrar o debate. Se admite a possibilidade do espiritualismo *in abstracto*, não quer ouvir falar dele *in concreto*. Dirá: "Tanto quanto conhecemos e podemos conhecer, não existe criador e dirigente do universo; quanto ao que nos concerne, a matéria e a energia nem podem ser criadas nem destruídas; para nós o pensamento é uma forma da energia, uma função do cérebro, tudo o que sabemos é que o mundo material é governado por leis imutáveis e assim por diante". Assim, como homem de ciência, como quem sabe alguma coisa, ele é materialista, porém fora da ciência, nas esferas onde nada sabe, traduz sua ignorância em grego e a chama *agnosticismo*.

Em todo caso, uma coisa me parece clara: mesmo que eu fosse agnóstico, é evidente que não poderia chamar a concepção da história esboçada neste pequeno livro de "agnosticismo histórico". As pessoas religiosas caçoariam de mim e os agnósticos se indignariam e me perguntariam se queria ridicularizá-los. Espero mesmo que a respeitabilidade britânica não fique escandalizada se me sirvo em inglês, como faço em várias outras línguas, da expressão "materialismo histórico" para designar uma concepção da história que procura a causa primeira e o grande motor de todos os acontecimentos históricos importantes no desenvolvimento econômico da sociedade, na transformação dos modos de produção e de troca, na divisão da sociedade em classes e nas lutas dessas classes.

Conceder-me-ão tanto mais essa permissão se mostrar que o materialismo histórico pôde aproveitar mesmo à respeitabilidade britânica. Já fiz notar que há uns 40 ou 50 anos, o estrangeiro culto, que ia morar na Inglaterra, estranhava o que chamava a beatice religiosa e a estupidez da respeitável classe média. Vou demonstrar que a respeitável classe média da Inglaterra dessa época não era tão estúpida como parecia ser ao inteligente estrangeiro. Podem-se explicar seus preconceitos religiosos.

Crescimento social da burguesia

Quando a Europa saiu da Idade Média, as burguesias em ascensão nas cidades constituíram nelas o elemento revolucionário. Tinham conquistado na organização feudal uma posição que já se havia tornado por demais acanhada para sua força de expansão. O desenvolvimento da classe média, da burguesia, tornava-se incompatível com a manutenção do sistema feudal: o sistema feudal devia pois ser destruído.

O grande centro internacional do feudalismo era a Igreja Católica Romana. Ela reunia todo o Ocidente europeu, apesar de suas guerras intestinas, em um grande sistema político, oposto aos gregos cismáticos, assim como também aos países muçulmanos. Coroava as instituições feudais com a auréola da consagração divina. Tinha modelado sua própria hierarquia sobre a da feudalidade e tinha acabado por se tornar o mais poderoso dos senhores feudais, proprietário de um bom terço, pelo menos, das terras do mundo católico. Antes que o feudalismo pudesse ser atacado parceladamente em cada país, era preciso que essa organização central fosse destruída.

Paralelamente ao crescimento da burguesia, produzia-se o grande despertar da ciência; eram cultivadas de novo a astronomia, a mecânica, a física, a anatomia e a fisiologia. A burguesia tinha necessidade, para o desenvolvimento de sua produção, de uma ciência que observasse as propriedades físicas dos objetos naturais e os modos de ação das forças da natureza. Até aí, a ciência tinha sido a humilde serva da Igreja, que nunca lhe havia permitido ultrapassar os limites impostos pela fé e, por essa razão, a ciência nada tinha de científico. A ciência se insurgiu contra a Igreja; a burguesia nada podendo sem a ciência teve, por conseguinte, de se juntar ao movimento de revolta.

Isso, se bem que interessando somente dois dos pontos em que a burguesia crescente devia colidir de todo com a religião estabelecida, é suficiente para demonstrar, primeiro, que a classe mais diretamente interessada na luta contra as pretensões da Igreja Católica era a burguesia e, em seguida, que toda luta contra o feudalismo revestia na época um disfarce religioso e devia, em primeiro lugar, ser dirigida contra a Igreja. Mas, se as universidades e os mercadores das cidades lançaram o grito de guerra, era certo que este encontraria – e encontrou com efeito – um eco nas massas populares do campo, nos camponeses, que por toda a parte desejavam lutar por sua existência contra os senhores feudais, tanto espirituais como temporais.

A longa luta da burguesia contra o feudalismo foi assinalada por três grandes e decisivas batalhas.

A emancipação da burguesia

A primeira é a Reforma Protestante na Alemanha. Ao grito de guerra de Lutero contra a Igreja, duas insurreições políticas responderam: a insurreição da pequena nobreza dirigida por Franz de Sickingen (1523) e a grande guerra dos camponeses (1525). Ambas foram vencidas, sobretudo, por causa da indecisão dos burgueses das cidades, que, entretanto, eram os mais interessados: não podemos aqui pesquisar as causas dessa indecisão. Desde esse momento, a luta degenerou em um combate entre os príncipes locais e o poder central e terminou pelo desaparecimento da Alemanha, durante dois séculos, dentre as nações europeias que representavam papel político. A reforma luterana produziu todavia uma nova crença, uma religião adaptada à monarquia absoluta. Os camponeses alemães do nordeste se tinham convertido ao luteranismo tanto quanto se tinham transformado de homens livres em servos.

Mas onde Lutero fracassou, Calvino conquistou a vitória. A reforma de Calvino correspondia às necessidades da burguesia mais adiantada da época. Sua doutrina da predestinação[25] era a expressão religiosa do fato de que, no mundo comercial da concorrência, o sucesso e o insucesso não resultam nem da atividade, nem da habilidade do homem, mas de circunstâncias independentes de seu controle. Essas circunstâncias não dependem nem daquele que quer, nem daquele que trabalha; estão à mercê de forças econômicas superiores e desconhecidas; e isso era particularmente verdadeiro em uma época de revolução econômica, quando eram substituídos todos os antigos centros e estradas de comércio, quando as Índias e a América eram abertas ao mundo e quando os artigos de fé econômica, mais respeitáveis por sua antiguidade – o valor relativo do ouro e da prata – começavam a vacilar e a desmoronar. A constituição da Igreja de Calvino era absolutamente democrática e republicana, e onde o reino de Deus era republicanizado, os reinos deste mundo não podiam ficar sob o domínio dos monarcas, bispos e senhores. Enquanto o luteranismo alemão consentia em se tornar um instrumento entre as mãos dos príncipes, o calvinismo fundava uma república na Holanda e ativos partidos republicanos na Inglaterra e sobretudo na Escócia.

---

25. Doutrina segundo a qual os indivíduos são de antemão, e como quer que ajam, eleitos ou condenados.

34

A segunda grande sublevação da burguesia achou no calvinismo uma doutrina talhada e feita à sua imagem. A explosão deu-se na Inglaterra.[26] As classes médias das cidades foram as primeiras a se lançarem no movimento, e a *Yeomanry* dos campos o fez triunfar.[27] É curioso que, nas três revoluções da burguesia, a classe camponesa forneça os exércitos para o combate e seja depois a classe arruinada pelas consequências econômicas da vitória. Um século depois de Cromwell, a *Yeomanry* desaparecera. Entretanto, sem essa *Yeomanry* e sem o elemento plebeu das cidades, jamais a burguesia, entregue a suas próprias forças, teria podido continuar a luta até a vitória e fazer subir ao cadafalso Carlos I. Para que essas conquistas da burguesia, que estavam maduras e prontas para serem colhidas, pudessem ser asseguradas, foi preciso que a revolução ultrapassasse de muito a sua meta – exatamente como na França em 1793 e como na Alemanha em 1848. Parece ser mesmo uma das leis da evolução da sociedade burguesa.

Esses excessos de atividade revolucionária foram seguidos na Inglaterra pela inevitável reação, que, por sua vez, ultrapassou o ponto onde teria podido manter-se. Depois de uma série de oscilações, o novo centro de gravidade acabou por ser atingido e se tornou um novo ponto de partida. O grande período da história inglesa que a respeitabilidade chama a "Grande Rebelião", e as lutas que se seguiram foram elaboradas por um acontecimento relativamente insignificante, e que, entretanto, os historiadores decoram com o título de "Revolução Gloriosa".[28]

O novo ponto de partida era um compromisso entre as classes médias prósperas e os grandes proprietários feudais. Estes últimos, se bem que chamados ainda hoje de aristocracia, estavam em via de se tornarem o que Luis Felipe se tornou: "o primeiro burguês do reino". Felizmente, para a Inglaterra, os velhos senhores feudais se tinham matado uns aos outros durante a Guerra das Duas Rosas.[29] Seus sucessores, embora geralmente

---

26. 1648 e anos seguintes.
27. Os *Yeomen* eram pequenos proprietários livres que cultivavam individualmente suas terras; eram muito numerosos, nessa época, na Inglaterra. (N.E.I.)
28. A historiografia burguesa inglesa chama de "Revolução Gloriosa" o golpe de Estado de 1688 que acabou na Inglaterra com a dinastia dos Stuarts e instaurou a monarquia constitucional (1689) encabeçada por Guilherme de Orange e baseada no compromisso entre a aristocracia agrária e a grande burguesia.
29. A Guerra das Duas Rosas (1455-1485) foi travada entre duas famílias feudais inglesas que lutavam pelo trono: os York, em cujo escudo figurava uma rosa branca, e os Lancaster, que tinham no escudo uma rosa vermelha. Em torno dos York se agrupava uma parte dos

oriundos de velhas famílias, estavam tão fora da vida traçada pelos antepassados que constituíram uma nova classe tendo hábitos e tendências mais burguesas do que feudais. Conheciam perfeitamente o valor do dinheiro e começaram imediatamente a aumentar suas rendas territoriais, expulsando centenas de pequenos lavradores e substituindo-os por rebanhos de carneiros. Henrique VIII,[30] dissipando em doações e prodigalidades as terras da Igreja, criou uma legião de novos senhores burgueses: as inumeráveis confiscações de grandes domínios, os quais eram distribuídos a indivíduos mais ou menos saídos da burguesia, continuadas depois dele, durante o século XVII, vieram a dar o mesmo resultado. Por conseguinte, a partir de Henrique VII, a aristocracia inglesa, longe de se contrapor ao desenvolvimento da produção industrial, procurou, ao contrário, tirar proveito desta, indiretamente, e se encontrou um grande número de proprietários, sempre dispostos, devido a razões econômicas e políticas, a cooperar com os líderes da burguesia industrial e financeira. O compromisso de 1689 cumpriu-se, pois, facilmente. A recompensa política – as riquezas e os lugares – foi deixada às grandes famílias da nobreza sob a condição de que os interesses econômicos da burguesia industrial e financeira não fossem abandonados, e esses interesses econômicos eram já na época bastante poderosos para dominar a política geral da nação. Havia contendas sobre as questões de pouca importância, mas a oligarquia aristocrática compreendia que sua prosperidade econômica estava irrevogavelmente ligada à da burguesia industrial e comercial.

A partir desse momento, a burguesia tornou-se uma fração submissa, humilde, porém oficialmente reconhecida, das classes governantes da Inglaterra, tendo com as outras frações o interesse comum de manter em sujeição a grande massa operária da nação. O comerciante ou o manufaturador ocupou a posição de patrão ou, como se disse mais tarde, de superior natural diante de seus operários, empregados ou criados. Seu interesse obrigava-o a arrancar deles o maior trabalho possível; para isso devia habituá-los a uma proveitosa submissão. Era religioso, a religião tinha sido a bandeira sob a qual ele combatera o rei e os senho-

---

grandes feudais do Sul (mais desenvolvido economicamente), os cavaleiros e os cidadãos; os Lancaster eram apoiados pela aristocracia feudal dos condados do Norte. A guerra quase levou ao total extermínio das antigas famílias feudais e terminou com a subida ao trono da nova dinastia dos Tudor, que implantou o Absolutismo na Inglaterra.

30. 1455-1485 – Henrique VIII reinou na Inglaterra de 1509 a 1547 e rompeu com a Igreja Católica.

res; não levou muito a descobrir as vantagens que se podia tirar dessa mesma religião para trabalhar o espírito de seus inferiores naturais e para torná-los mais dóceis às ordens dos senhores que Deus se servira colocar acima deles. De fato, a burguesia inglesa tinha sua parte a tomar na opressão das classes inferiores da grande massa produtora da nação, e um de seus instrumentos de opressão foi a religião.

Um outro fato contribuiu para reforçar o pendor religioso da burguesia; foi o nascimento do materialismo na Inglaterra. A nova doutrina chocava não só os piedosos sentimentos da classe média, mas se manifestava como uma filosofia adaptada somente ao gosto das pessoas instruídas e cultas, que julgavam a religião muito boa, mas para as classes iletradas, compreendida entre estas a burguesia. Com Hobbes, o materialismo apareceu em cena como defensor da onipotência e das prerrogativas reais; fazia apelo à monarquia absoluta para manter sob seu jugo este *puer robustus sed malitiosus*[31] que era o povo. O mesmo se deu com os sucessores de Hobbes, com Bolingbroke, Shaftesbury etc.; a nova forma teísta do materialismo permaneceu, como no passado, uma doutrina aristocrática, esotérica e, por conseguinte, odiosa para a burguesia, por suas heresias religiosas e por suas consequências políticas antiburguesas. Por conseguinte, em oposição a esse materialismo e a esse teísmo aristocrático, as seitas protestantes, na guerra contra os Stuarts, continuaram a constituir a força principal da burguesia progressista, e formam, ainda hoje, a espinha dorsal do "grande partido liberal".

O materialismo do século XVIII e a Revolução Francesa

Durante esse tempo, o materialismo passava da Inglaterra à França, onde encontrou uma outra escola materialista, um ramo do cartesianismo[32] com o qual se fundiu. Na França, tornou-se, a princípio, o materialismo doutrina exclusivamente aristocrática; porém, seu caráter revolucionário não tardou a se afirmar. Os materialistas franceses

---

31. "criança robusta, porém maliciosa".
32. Filosofia cartesiana: doutrina dos seguidores do filósofo francês do século XVII Descartes (em latim *Cartesius*), que deduziram conclusões materialistas de sua filosofia.

não limitaram suas críticas às questões religiosas, opuseram-se a todas as tradições científicas e instituições políticas que encontraram no caminho; e para provar que sua doutrina tinha um processo universal, aplicaram-se corajosamente a todos os objetos da ciência em uma obra de gigantes: a *Enciclopédia*, que lhes deu o nome de "enciclopedistas".

Assim, sob uma ou outra de suas duas formas – materialismo confesso ou teísmo –, essa doutrina tornou-se a de toda a juventude instruída da França, a tal ponto que, quando a Grande Revolução rebentou, a doutrina filosófica incubada na Inglaterra pelos realistas deu uma bandeira teórica aos republicanos e aos "terroristas" e forneceu o texto da "Declaração dos Direitos do Homem".[33] A Grande Revolução Francesa foi a terceira sublevação da burguesia; mas foi a primeira que repeliu a capa religiosa e travou todas suas batalhas no terreno político; foi também a primeira que levou a luta até à destruição de uma das partes em guerra, a aristocracia, e até a completa vitória da outra, a burguesia. A existência na Inglaterra das instituições pré-revolucionárias e pós-revolucionárias e o compromisso entre os senhores territoriais e os capitalistas encontram sua expressão na existência dos precedentes jurídicos e na religiosa conservação das formas legislativas do feudalismo.

A Revolução Francesa foi uma completa ruptura com as tradições do passado, varreu os últimos vestígios do feudalismo e formulou o *Code Civil*,[34] que é uma genial adaptação da antiga lei romana às condições do capitalismo moderno; é uma expressão quase perfeita das relações econômicas correspondentes ao momento econômico que Marx chama a produção de mercadorias; tão genial, que esse Código da França

---

33. A Declaração dos Direitos do Homem e do Cidadão foi aprovada pela Assembleia Constituinte em 1789. Nela se proclamavam os princípios políticos do novo regime burguês. A Declaração foi inserida na Constituição francesa de 1791; serviu de base aos jacobinos quando redigiram a Declaração dos Direitos do Homem de 1793, figurando como prefácio à primeira Constituição republicana da França adotada pela Convenção Nacional em 1793.

34. Aqui e a partir daqui, Engels não entende por Código de Napoleão unicamente o *Code civil* (Código Civil) de Napoleão adotado em 1804 e conhecido por esse nome, mas, no sentido lato da palavra, todo o sistema do Direito burguês, representado pelos cinco Códigos (Civil, de Processo Civil, Comercial, Penal e de Processo Penal) adotados sob Napoleão I de 1804 a 1810. Tais códigos foram implantados nas regiões oeste e sudoeste da Alemanha conquistadas pela França de Napoleão e permaneceram vigendo na província do Reno inclusive depois de sua anexação pela Prússia em 1815.

revolucionária serve de modelo para a reforma das leis sobre a propriedade em todos os países, sem excetuar a Inglaterra.

Não esqueçamos que, se a lei inglesa continua a exprimir as relações econômicas da sociedade capitalista nessa língua bárbara da feudalidade, que corresponde à coisa expressa, como a ortografia inglesa correspondente à pronúncia inglesa, – *"vous écrivez Londres et vous prononcez Constantinople"*,[35] dizia um francês –, a mesma lei inglesa é também a única que tem conservado através dos séculos e transmitiu à América e às colônias a melhor parte daquela liberdade pessoal de origem germânica, daquele *self-government* local[36] e daquela independência relativamente a toda intervenção, exceto a dos tribunais de justiça, liberdade e autonomia que o continente havia na época da monarquia absoluta e que em parte alguma foram reconquistadas.

A burguesia inglesa contra o materialismo e a revolução

Voltemos à nossa burguesia inglesa. A Revolução Francesa lhe proporcionou uma esplêndida ocasião de destruir, com o concurso das monarquias continentais, o comércio marítimo francês, de anexar as colônias francesas e de esmagar as últimas pretensões da França à rivalidade marítima. É uma das razões por que ela combateu a Revolução.

A outra era que o procedimento da burguesia francesa não lhe agradava. Não só seu "execrado terrorismo", porém mesmo sua tentativa de levar ao extremo a lei burguesa.

Que viria a ser da burguesia inglesa sem sua aristocracia que lhe ensinava as boas maneiras, que inventava para ela suas modas, que fornecia oficiais ao exército para manter a ordem no interior, e à marinha, para a conquista de colônias e novos mercados no exterior? É verdade que havia uma minoria progressiva da burguesia cujos interesses não estavam muito bem atendidos por esse compromisso; essa fração, recrutada principalmente na classe média, menos rica, simpatizou com a Revolução, mas era impotente no Parlamento.

---

35. "Escreve-se Londres e se pronuncia Constantinopla.".
36. Nome dado na Inglaterra à autonomia local.

Assim, enquanto o materialismo tornava-se a fé da Revolução Francesa, a burguesia inglesa, vivendo no temor do Senhor, apegava-se cada vez mais à sua religião. O reinado do terror em Paris não estava mostrando a que se chegaria, se a massa perdesse os sentimentos religiosos? Quanto mais o materialismo se propagava da França aos outros países, reforçado por correntes doutrinárias similares, principalmente pela filosofia alemã, quanto mais o materialismo e o livre pensamento tornavam-se, no continente, as qualidades necessárias a todo espírito culto, tanto mais a classe média da Inglaterra se afirmava em suas numerosas seitas religiosas. Essas seitas diferiam umas das outras, mas todas eram decididamente religiosas e cristãs.

Enquanto a Revolução assegurava, na França, a vitória da burguesia, na Inglaterra, Watt, Arkwright, Cartwrigth[37] e outros iniciavam uma revolução industrial que transferiu o centro de gravidade do poderio econômico. A riqueza da burguesia cresceu colossalmente, mais rapidamente que a da aristocracia. Na própria burguesia, a aristocracia financeira, os banqueiros etc. foram rebaixados a segundo plano pelos manufaturadores. O compromisso de 1689, mesmo após as transformações gradativas por que tinha passado, com vantagem para a burguesia, não mais correspondia às posições relativas das partes contratantes. O caráter dessas partes igualmente se tinha modificado; a burguesia de 1830 diferia enormemente da do século precedente.

O poder político que a aristocracia ainda conservava e que punha em ação contra as pretensões da nova burguesia industrial tornou-se incompatível com os novos interesses econômicos. Colocava-se a necessidade de renovar a luta contra a aristocracia; e essa luta só podia terminar com o triunfo do novo poder econômico. Sob o impulso da Revolução Francesa de 1830, impôs-se em primeiro lugar, apesar de todas as resistências, a lei de reforma eleitoral,[38] que assegurou à burguesia uma posição forte e prestigiosa no Parlamento. Em seguida, veio a derroga-

---

37. Sabe-se que esses três ingleses inventaram: o primeiro, a máquina a vapor; o segundo, a máquina para fiar (*mulejenny*); o terceiro, o tear mecânico, tudo entre 1764 e 1790.
38. O projeto de lei da primeira reforma eleitoral na Inglaterra foi apresentado ao Parlamento em março de 1831 e aprovado em junho de 1832. A reforma abriu as portas do Parlamento apenas aos representantes da burguesia industrial. O proletariado e a pequena burguesia, que eram a principal força na luta pela reforma, foram enganados pela burguesia liberal e ficaram, como antes da reforma, sem direitos eleitorais.

40

ção das leis dos cereais,[39] que instaurou de uma vez e para sempre o predomínio da burguesia, sobretudo de sua parte mais ativa, os fabricantes, sobre a aristocracia da terra. Foi esse o maior triunfo da burguesia, mas foi também o último conseguido em seu interesse próprio e exclusivo. Todos os triunfos posteriores tiveram de ser por ela divididos com um novo poder social, seu aliado a princípio, mas logo depois seu rival.

O aparecimento do proletariado inglês

A Revolução Industrial tinha produzido o nascimento de uma classe de poderosos manufatores capitalistas como também de uma classe de operários manufaturadores bem mais numerosa. Essa classe crescia à medida que a Revolução Industrial se apossava de cada ramo de toda a manufatura e sua potência se desenvolvia em proporção. Essa potência se fez sentir desde 1824, ao obrigar um Parlamento recalcitrante a suspender as leis que interditavam as coligações operárias.[40] Durante a agitação pelo *Reform Act*, os operários formaram a ala radical do partido reformista; como o *Reform Act* de 1832 os excluísse do sufrágio, formularam suas reivindicações na Carta do Povo[41] e se organizaram, em oposição ao partido burguês da abolição das leis sobre os cereais,[42]

---

39. A lei de abolição das leis cerealistas foi aprovada em junho de 1846. As chamadas leis cerealistas, aprovadas visando restringir ou proibir a importação de trigo do exterior, foram promulgadas na Inglaterra em benefício dos grandes proprietários rurais (*landlords*).. A aprovação da lei de 1846 foi um triunfo da burguesia industrial, que lutava contra as leis cerealistas sob a consigna de liberdade de comércio.
40. Em 1824, o Parlamento inglês, pressionado pelo movimento operário, teve que promulgar um ato abolindo a proibição das uniões operárias (as *tradeunions*).
41. A Carta do Povo, que continha as exigências dos cartistas, foi publicada em 8 de maio de 1838 como projeto de lei a ser apresentado no Parlamento; continha seis pontos: direito eleitoral universal (para os homens acima dos 21 anos de idade), eleições anuais para o Parlamento, votação secreta, igualdade das circunscrições eleitorais, abolição do requisito de propriedade para os candidatos a deputado no Parlamento, remuneração dos deputados. As três petições dos cartistas com a exigência da aprovação da Carta do Povo, entregues ao Parlamento, foram recusadas por este em 1839, 1842 e 1849.
42. A Liga anticerealista, organização da burguesia industrial inglesa, foi fundada em 1838 pelos fabricantes Cobden e Bright, de Manchester. Ao apresentar a exigência da liberdade completa de comércio, a Liga propugnava pela abolição das leis cerealistas com o fim de abaixar os salários dos operários e debilitar as posições econômicas e políticas da aristocracia agrária. Depois da abolição das leis cerealistas (1846), a Liga deixou de existir.

em partido independente, o Partido Cartista, o primeiro partido operário dos tempos modernos.

Rebentaram, depois, as revoluções continentais de fevereiro e março de 1848, nas quais o povo trabalhador representou um papel tão preponderante e formulou, pelo menos em Paris, reivindicações que, sem dúvida, eram inadmissíveis do ponto de vista capitalista. E, então, sobreveio a reação geral. Primeiramente, a derrota dos Cartistas em 10 de abril de 1848;[43] depois, o esmagamento da insurreição dos operários parisienses, em junho; em seguida, as derrotas de 1849 na Itália, na Hungria, na Alemanha do Sul e, finalmente, a vitória de Luis Bonaparte em Paris, em 2 de dezembro de 1851.[44] Enfim, por certo tempo, o espantalho das reivindicações operárias estava por terra, mas a que preço! Se antes, a burguesia inglesa estava convencida de que era preciso desenvolver o espírito religioso na classe operária, agora mais do que nunca sentia sua necessidade, após todas essas experiências! Sem se dignar dar atenção às pilhérias de seus colegas continentais, os burgueses ingleses continuaram a gastar milhões e milhões, ano após ano, para a evangelização das classes inferiores. Não satisfeito com a sua própria engrenagem religiosa, John Bull chamou em seu socorro o Irmão Jonathan,[45] o mais hábil organizador comercial da religião que existe, importou da América o *Revivalism*,[46] Moody e Sankey e outros palhaços, e finalmente aceitou o auxílio perigoso do Exército da Salvação, que faz reviver a propaganda do cristianismo primitivo, declara que os pobres são os eleitos, combate o capitalismo no terreno religioso e alimenta um elemento primitivo de antagonismo cristão de classe, suscetível de se tornar um dia perigoso para os ricaços que hoje lhe custeiam o desenvolvimento.

Parece ser uma lei da evolução histórica não poder a burguesia, em qualquer país da Europa, servir-se dos poderes políticos – pelo menos

---

43. A manifestação de massas que os cartistas anunciaram para 10 de abril de 1848 em Londres, com a finalidade de entregar ao Parlamento a petição sobre a aprovação da Carta popular, fracassou devido à indecisão e às vacilações de seus organizadores. O fracasso da manifestação foi utilizado pelas forças da reação para retomar a ofensiva contra os trabalhadores e as represálias contra os cartistas.
44. Trata-se do golpe de Estado organizado por Luís Bonaparte em 2 de dezembro de 1851, que deu início ao regime bonapartista do Segundo Império.
45. Irmão Jonathan: mote dado pelos ingleses aos norte-americanos durante a guerra das colônias norte-americanas da Inglaterra pela independência (1775-1783).
46. De *Revival* (despertar). Movimento coletivo de conversão, de volta à fé, do qual os países anglo-saxões ofereceram diversos exemplos no século XIX.

por um tempo um tanto longo – exclusivamente, como a aristocracia feudal o fez na Idade Média. Mesmo na França, onde a feudalidade foi completamente extirpada, a burguesia como classe só se apoderou do governo durante períodos muitos curtos. Durante o reinado de Luís Felipe (1830-1848), uma fração, muito pequena, da burguesia governou o reino, a fração mais numerosa foi excluída do sufrágio por um censo muito elevado.[47] Sob a Segunda República (1848-1851), a burguesia governou sem contraste, mas somente três anos; sua incapacidade trouxe o Império. É somente sob a Terceira República[48] que a burguesia, por completo, conservou o poder durante mais de vinte anos; já dá sinais de rápida decadência.[49] Um reinado durável da burguesia só foi possível em países como a América,[50] onde a aristocracia era desconhecida e onde, desde o início, a sociedade se constituiu sobre a base burguesa. Entretanto, na América, como na França, os sucessores da burguesia, os operários, batem à porta.

Servilismo da burguesia inglesa

A burguesia jamais possuiu, na Inglaterra, o poder sem partilha. Mesmo a vitória de 1832 deixava a aristocracia agrária de posse exclusiva de todas as funções governamentais. A humildade com que a classe média aceitava essa situação me era incompreensível até que ouvi, em um discurso público, um manufator liberal, M. W. A. Forster, pedir aos jovens de Bradford que aprendessem o francês como um meio de vencer no mundo; citava sua própria experiência e contava sem embaraço, quando, na qualidade de ministro, devia movimentar-se em uma sociedade onde o francês era pelo menos tão necessário quanto o inglês. Com efeito, os burgueses de ordinário, nessa época, não tinham cultura e não podiam agir de outra maneira, senão abandonar à aristocracia as

---

47. Era preciso, para ser eleitor, pagar pelo menos 200 francos de impostos diretos (antes da revolução de 1830, 300 francos). É o que se chamava o censo eleitoral.
48. O Segundo Império de Napoleão III existiu na França de 1852 a 1870, e a Terceira República, de 1870 a 1940.
49. Engels escrevia isso nas vésperas da crise boulangista, que tinha posto em perigo as instituições parlamentares. (Crise boulangista, promovida pelo general Jorge Boulanger, Ministro da Guerra em 1886, político, suicidou-se em 1891 em Bruxelas, Bélgica.)
50. A referência é aos Estados Unidos da América.

situações superiores do Estado onde era necessário ter outras qualidades que não a estreiteza e a insuficiência insulares, apimentadas pela astúcia para os negócios.[51]

Mesmo hoje, os debates intermináveis da imprensa sobre uma *middle-classe-education*[52] demonstram sobejamente que a burguesia inglesa não se julga bastante apta para uma educação superior e ambiciona algo mais modesto. Assim, mesmo após a ab-rogação das leis sobre os cereais,[53] considerou-se como uma coisa subentendida que os homens que tinham obtido a vitória, os Cobden, os Bright etc., deviam ser excluídos de toda a participação no governo oficial do país; foi-lhes preciso esperar vinte anos para que um novo *Reform Act*[54] lhe abrisse as portas do ministério. A burguesia inglesa está ainda hoje tão penetrada do sentimento de sua inferioridade social que mantém à sua própria custa e à da nação uma classe decorativa de besouros[55] para representar dignamente a nação em todas as funções do Estado e se considera altamente honrada quando um de seus membros é achado bastante digno para ser admitido nessa classe *select* e privilegiada, manufaturada, enfim, por ela própria.

---

51. E mesmo em negócios, a suficiência do chauvinismo nacional é um triste inspirador. Até ultimamente, o fabricante inglês vulgar considerava abaixo da dignidade de um inglês falar outra língua que não fosse a sua e sentia-se orgulhoso de que "pobres estrangeiros" se estabelecessem na Inglaterra e o livrasse da lida da distribuição de seus produtos no estrangeiro. – Jamais pensou que estrangeiros, a maior parte alemães, apoderassem-se, dessa maneira, de uma grande parte do comércio estrangeiro da Inglaterra, importação e exportação e que o comércio exterior inglês direto chegasse a ser limitado quase que exclusivamente às colônias, à China, aos Estados Unidos e à América do Sul. Não notou ainda que esses alemães comerciavam com outros alemães no estrangeiro, que gradualmente organizaram uma rede completa de colônias, sobre toda a superfície da terra. Mas, quando a Alemanha, há dez anos, começou seriamente a produzir para a exportação, esta rede serviu, às mil maravilhas, para realizar sua transformação, em um lapso de tempo curto, de um país exportador de cereais em um país exportador de produtos industriais de primeira importância. Mas, há cerca de dez anos, o fabricante inglês apavorou-se e interrogou seus embaixadores e seus conselheiros como deveria fazer, pois não mais podia reter seus clientes. As respostas foram unânimes: 1º) Não aprendeis o idioma de vossos clientes, esperais ao contrário, que eles aprendam o vosso; 2º) Não experimentais satisfazer as necessidades e os gostos de vossos compradores, esperais que eles aceitem os vossos. (F.E.)

52. Educação da classe média.

53. 1865. Esta ab-rogação assinala a vitória do livre-câmbio sobre o protecionismo e da burguesia inglesa sobre os *landlords* (proprietários de latifúndios).

54. A reforma eleitoral de 1867.

55. Apelido, na época, de burocratas inseridos como funcionários do governo (em inglês, *beatles*).

A burguesia industrial e comercial não tinha ainda chegado a expulsar a aristocracia do poder político, quando um outro rival, a classe operária, fez sua aparição. A reação que se seguiu ao movimento cartista e às revoluções continentais, assim como também o desenvolvimento sem precedentes do comércio inglês de 1848 e 1866 (vulgarmente atribuído unicamente ao livre-cambismo, mas, devido, bem mais, ao colossal desenvolvimento das estradas de ferro, da navegação a vapor e meios de comunicação em geral) tinham ainda uma vez submetido a classe operária sob a dependência do Partido Liberal, do qual tinha formado nos tempos pré-cartistas a ala radical. Mas, pouco a pouco, as exigências operárias quanto ao sufrágio universal foram tornando-se irresistíveis. Enquanto os *"whigs"*,[56] os caudilhos dos liberais, tremiam de medo, Disraeli mostrava sua superioridade; soube aproveitar o momento propício para os *"tories"*,[57] introduzindo nos distritos eleitorais urbanos o regime eleitoral do *household suffrage*[58] e, em relação com isso, uma nova distribuição dos distritos eleitorais.

Seguiu-se, pouco depois, o *ballot*,[59] logo, em 1884, o *household suffrage* tomou-se extensivo a todos os distritos, inclusive aos dos condados, e se introduziu uma nova distribuição das circunscrições eleitorais, que até certo ponto as nivelava. Todas estas medidas aumentaram consideravelmente a força eleitoral da classe operária, a ponto de os operários, em 150 a 200 colégios eleitorais, formarem a maioria dos votantes. Mas, o parlamentarismo é uma excelente escola para ensinar o respeito à tradição; se a burguesia olha com veneração e temor religioso o que Lord Manners chamava ironicamente "nossa velha nobreza", a massa dos operários olha com respeito e deferência os burgueses que estava habituada a considerar como seus "superiores". O operário inglês era, há uma quinzena de anos, o operário modelo, cuja respeitosa deferência por seu patrão e timidez em reclamar seus direitos consolavam nossos economistas da escola dos *Katheder-Socialisten*[60] das incuráveis tendências comunistas e revolucionárias do proletariado de sua própria nação.

---

56. Nome antigo dos liberais.
57. Nome antigo dos conservadores.
58. O *household suffrage* estabelecia o direito de voto para todos que vivessem em casa independente.
59. Votação secreta.
60. Socialistas da cátedra. Dá-se este nome a um certo número de professores de economia política que, na Alemanha, depois de 1870, reagiram contra os princípios, os métodos e as

É necessária uma religião para o povo

Mas os burgueses ingleses, que são homens de negócios, enxergaram mais longe que os professores alemães. Tinham partilhado, muito a contragosto, o poder com a classe operária. Tinham descoberto, durante os anos cartistas, de quanto era o povo capaz, esse *puer robustus sed malitiosus*; tinham sido obrigados a incorporar na constituição da Grã-Bretanha a melhor parte da Carta do Povo. Agora mais do que nunca, o povo deve ser contido na ordem por meios morais e o primeiro e o melhor meio da ação é e continua a ser a religião. Eis porque há uma grande maioria de pastores nas *School boards*,[61] e porque a burguesia se obrigara a despesas sempre crescentes, para encorajar toda a espécie de *revivalism*,[62] desde o ritualismo até o Exército de Salvação.

Mas, agora, desmoronava-se a vitória de respeitabilidade britânica sobre o livre pensamento e o retardamento religioso do burguês continental. Os operários da França e da Alemanha tinham se revoltado. Estavam completamente infecionados de socialismo; por motivos evidentes, não tinham adquirido preconceitos legais sob forma de conquistar a supremacia social. O *puer robustus* tornava-se cada dia mais *malitiosus*. Só restava às burguesias francesa e alemã, como último recurso, jogar fora seu lastro de livre pensamento, assim como o jovem, na hora do enjoo, atira à água o charuto com o qual se pavoneava ao embarcar; um após outro, os voltaireanos irônicos acobertaram-se sob a capa da piedade, falaram com respeito da Igreja, de seus dogmas e de suas cerimônias e a elas se adaptaram quando nelas encontravam alguma vantagem. A burguesia francesa fez jejum às sextas-feiras e os burgueses alemães escutaram religiosamente, nos domingos, os intermináveis sermões protestantes. Desavieram-se com o materialismo. *Die Religion*

---

tendências da economia clássica inglesa e que preconizaram uma política social. Citemos entre eles Schmoller, Adolf Wagner, Brentano. Eram, bem entendido, contrarrevolucionários. Inspiraram a política de "reformas sociais" inaugurada por Bismark depois de 1880.

61. *School boards*: comissões escolares criadas em 1870. Tinham por missão cobrar uma taxa para construir e manter escolas públicas, obrigar os pais a enviar seus filhos à escola e dispensar os pobres da contribuição escolar (Seignobos. *História Política da Europa Contemporânea*, p. 66).

62. Ritualismo: corrente surgida na Igreja anglicana nos anos 30 do século XIX. Seus adeptos pregavam a restauração dos ritos católicos (daí a denominação) e de certos dogmas do catolicismo na Igreja Anglicana.

muss dem Voík erhatlen werden – deve-se conservar a religião para o povo – ela somente pode salvar a sociedade da ruína final.

Infelizmente só fizeram essa descoberta depois de terem trabalhado, o melhor possível, para destruir a religião para sempre. E agora cabia ao burguês britânico tirar desforra e exclarecer: "Imbecis! Há dois séculos poderia dizer-vos isto!".

Entretanto, receio que nem a cretinice religiosa do burguês inglês, nem a conversão *post festum*[63] do continental poderão opor um dique à maré enchente do proletariado. A tradição é uma grande força retardatária, é a *vis inertiæ*[64] da história, mas, como é simplesmente passiva, seguramente será destruída; a religião não será pois uma salvaguarda eterna para a sociedade capitalista. Se nossas ideias jurídicas, filosóficas e religiosas são produtos mais ou menos diretos das relações econômicas dominantes em uma determinada sociedade, essas ideias não podem, no decurso do tempo, deixar de sofrer influências de uma transformação completa dessas relações. E a não crer em uma revelação sobrenatural, devemos admitir que nenhum dogma religioso poderá suster uma sociedade vacilante.

Apesar de tudo o proletariado inglês se libertará

A classe operária da Inglaterra, novamente, se põe em movimento. Está, sem dúvida, emaranhada de tradições de diversas espécies. Tradições burguesas: tal é a crença tão espalhada de que só pode haver dois partidos, os conservadores e os liberais, e de que a classe operária deve conquistar sua emancipação com o auxílio do grande Partido Liberal.[65] Tradições operárias, herdadas das primeiras tentativas de ação independente: tal é a exclusão, por parte das velhas *trade-unions*, de todo operário que não tenha feito seu tempo regulamentar de aprendizagem, o que termina pela criação de *sarrazins* em cada uma dessas *trade-unions*. Apesar de tudo, a classe operária está em movimento; mesmo

---

63. Fora de tempo (ao pé da letra: após a festa).
64. A força da inércia.
65. Escrito oito anos antes da fundação do comitê pela representação operária, origem de *Labour Party* (1900).

o professor Brentano foi forçado a relatar esse fato a seus confrades do "Socialismo da Cátedra".

Move-se, como tudo na Inglaterra, com um passo lento e calculado, aqui com hesitação, ali com resultados mais ou menos felizes; agita-se cá e lá, com uma desconfiança exagerada da palavra socialismo, enquanto absorve sua substância e o movimento se estende e se apodera das camadas operárias uma após outra. O socialismo já sacudiu de seu torpor os operários do *East-End* de Londres, e todos nós sabemos que enérgico impulso essas novas forças por sua vez imprimiram. Se a marcha do movimento não é tão rápida como o desejaria a impaciência de alguns de nós, não esqueçamos que é a classe operária que preserva vivas as qualidades mais magníficas do caráter inglês, e quando se conquista o terreno na Inglaterra, de ordinário não se perde nunca. Se, pelas razões acima ditas, os filhos dos velhos cartistas não estiverem à altura da situação, os netos dão provas de que serão dignos de seus antepassados.

Mas a vitória da classe operária europeia não depende somente da Inglaterra: só poderá ser obtida pela cooperação, pelo menos da Inglaterra, da França e da Alemanha. Nestes dois últimos países, o movimento operário está bem mais adiantado do que na Inglaterra. Está na Alemanha a uma distância do poder que se pode calcular: seus progressos, desde 25 anos, não tem precedentes; avança com uma rapidez sempre crescente. Se a burguesia alemã se mostrou lamentavelmente desprovida de capacidades políticas, de disciplina, de coragem, de energia e de perseverança, a classe operária alemã deu numerosas provas de todas essas qualidades. Há quatro séculos, a Alemanha foi o ponto de partida da primeira sublevação da burguesia europeia; no estado a que chegaram os acontecimentos, estará fora dos limites do possível que a Alemanha seja ainda o teatro da primeira grande vitória do proletariado europeu?

Londres, 20 de abril de 1892
Friedrich Engels

DO SOCIALISMO UTÓPICO AO SOCIALISMO CIENTÍFICO

I
DESENVOLVIMENTO DO SOCIALISMO UTÓPICO

O conjunto de ideias que representa o socialismo moderno é o reflexo, na inteligência, de um lado, da luta das classes que reina, na sociedade, entre os possuidores e os espoliados, entre os burgueses e os assalariados, e, de outro lado, da anarquia que reina na produção. Mas, sob sua forma teórica, ele aparece primeiramente como uma continuação mais desenvolvida e mais consequente dos princípios formulados pelos grandes filósofos franceses do século XVIII. Como toda nova teoria, pode ligar-se à ordem de ideias de seus predecessores imediatos, se bem que na realidade se enraíze no terreno dos fatos econômicos.

Os grandes homens que na França esclareceram os espíritos para a Revolução que se aproximava foram também grandes revolucionários. Nenhuma autoridade exterior reconheceram. Religião, ciências naturais, sociedade, governo, tudo foi submetido à mais impiedosa crítica, tudo teve que comparecer diante do tribunal da razão, justificar sua existência ou cessar de existir. A razão tornou-se a suprema regra de tudo. Foi o tempo em que, segundo a expressão de Hegel, "a cabeça dirigia o mundo",[1] primeiramente no sentido de que a cabeça e os princípios

---

1. A expressão do grande dialético é intraduzível, literalmente significa "o mundo se levantava sobre a cabeça" (*auf den Kopf gestellt wurde*). Foi falando da Revolução Francesa que Hegel, em sua *Filosofia da História*, serviu-se dessa expressão característica. Eis a curiosa passagem: "É sobre a ideia do direito que agora se estabelece uma constituição; é sobre essa ideia que agora tudo se deve basear. Desde que o sol brilhou, no firmamento, e que os planetas descreveram suas órbitas em torno dele, jamais se viu o homem levantar-se sobre sua cabeça, isto é, basear-se sobre o pensamento e construir a realidade à sua imagem. Anaxágoras foi o primeiro a dizer que o pensamento governa o mundo, mas, só depois da Revolução Francesa, o homem chegou a saber que o pensamento deve governar a realidade intelectual. Foi um glorioso raiar do sol; todos os seres pensantes celebraram essa aurora. Uma emoção sublime atravessou toda essa época, um entusiasmo da razão

encontrados pelo pensamento pretendiam ser os únicos dignos de servir de base a toda ação e associação humanas e, mais tarde, no sentido mais lato, de que toda verdade material em contradição com esses princípios devia ser inteiramente subvertida. Todas as formas de sociedade e de governo reconhecidas até então, todas as concepções tradicionais deviam ser relegadas como insensatas.

O mundo até então se tinha deixado conduzir por miseráveis preconceitos; todo o passado só merecia lástima e desprezo. Agora, pela primeira vez, o dia raiava; pela primeira vez, entrava-se no reino da Razão, agora, a superstição, a injustiça, o privilégio, a opressão iam ser expulsos pela verdade eterna, pela igualdade baseada na natureza, pelos direitos inalienáveis do homem.

Do contrato social ao socialismo

Sabemos hoje que esse reino da razão era, afinal, o reino idealizado pela burguesia, segundo a qual a justiça eterna se encarnou na justiça burguesa; que a igualdade se limitou à igualdade burguesa perante a lei; que se proclamou, como o primeiro dos direitos do homem, a propriedade burguesa; que o estado da razão, o contrato social de Rousseau,[2] veio ao mundo – e de outra forma não podia ser sob a forma de uma república democrática e burguesa. Os grandes pensadores do século XVIII, do mesmo modo que os antecessores, podiam transpor os limites impostos pela época.

Mas, ao lado do antagonismo da feudalidade e da burguesia, havia o antagonismo universal dos exploradores e dos explorados, dos ricos ociosos e dos pobres trabalhadores. É este último antagonismo que permitiu aos representantes da burguesia apresentarem-se como representantes, não de uma classe distinta, mas de toda a humanidade sofredora.

E ainda mais. Desde seu nascimento, a burguesia foi envolvida pelo seu próprio antagonismo: o capitalista não pode existir sem o trabalhador assalariado; e à medida que o burguês das corporações da Idade Média

---

fez o mundo estremecer, como se a reconciliação da divindade e do mundo se tivesse tornado possível". (N.E.I.)

2. Vide ROUSSEAU, Jean-Jacques. *Do Contrato Social*: Princípios do Direito Político. Tradução Edson Bini. São Paulo: Edipro, 2018.

se transformava no moderno burguês, o companheiro e o jornaleiro não incorporados[3] tornavam-se proletários. Se, em geral, a burguesia pôde, em suas lutas com a nobreza, pretender ser representante das diferentes classes trabalhadoras da época, paralelamente a cada grande movimento burguês estalava também um movimento da classe, que era a antecessora mais ou menos desenvolvida do proletariado moderno. Assim, viu-se levantar, durante a Reforma alemã, Thomaz Münzer; durante a grande Revolução Inglesa, os "niveladores"; durante a grande Revolução Francesa, Babeuf. A esses levantes, sem resultado, de uma classe ainda não completamente formada, correspondiam manifestações teóricas: nos séculos XVI e XVII as descrições utópicas das sociedades ideais; no século XVIII, as teorias já francamente comunistas (Morelly, Mably). A igualdade não devia mais limitar-se aos direitos políticos, porém compreender as condições sociais do indivíduo; era preciso abolir não só os privilégios de classe, mas os antagonismos de classe.

Um comunismo ascético, calcado sobre Esparta, foi a primeira forma da nova doutrina. Depois apareceram os três grandes utopistas: Saint-Simon, que ao lado da ordem proletária reconhecia até certo ponto as tendências burguesas; Charles Fourier e Robert Owen. Este último, vivendo no país onde a produção capitalista estava mais desenvolvida e sob a impressão da luta de classe que ela gerava, desenvolveu sistematicamente suas proposições para a abolição desse antagonismo, ligando-as diretamente ao materialismo francês.

Os três têm em comum o fato de não se apresentarem como representantes dos interesses do proletariado, que no interregno se tinha desenvolvido historicamente. Como os filósofos franceses do século XVIII, propuseram eles libertar não uma classe determinada, porém a humanidade inteira; como eles, quiseram estabelecer o reino da razão e da justiça eterna; mas havia um mundo entre a razão e a justiça eterna deles e as dos homens do século XVIII. O mundo burguês, baseado nos princípios dos filósofos, parecia-lhes também inteiramente irracional e injusto como a feudalidade e as demais formas sociais anteriores; do mesmo modo que estas, devia ele ser enterrado no fosso comum da história. Se a pura razão e a verdadeira justiça não tinham até aqui governado o mundo, era porque não tinham sido descobertas. Faltara o homem de gênio que devia descobrir essa verdade até então. Surgia ele agora e seu

---

3. Isto é, não fazendo parte das corporações.

aparecimento e a proclamação de sua verdade não era um acontecimento necessário, inevitável do desenvolvimento histórico, mas mero acaso. Poderia ter nascido 500 anos mais cedo e poupar a humanidade de 500 anos de erros, de lutas e de sofrimentos.

O racional e o real – A reação utopista

Os filósofos franceses do século XVIII, os precursores da Revolução tinham feito da Razão o princípio supremo de tudo. O Estado e a Sociedade deveriam ser baseados na Razão, tudo o que era contrário à eterna Razão deveria ser calcado aos pés sem piedade; mas essa eterna Razão outra coisa não era senão a inteligência burguesa idealizada. A Revolução Francesa deu uma realidade a essa sociedade racional e a esse estado racional; mas, se as novas instituições eram racionais comparadas às do passado, estavam entretanto bem longe de ser absolutamente racionais. O Estado racional tinha naufragado. O contrato social de Rousseau tinha encontrado sua realidade no reinado do Terror; para dele se livrar, a burguesia, que tinha perdido a confiança em sua própria capacidade política, se refugiou primeiramente na corrupção do Diretório, depois sob o sabre do despotismo bonapartista. A paz eterna prometida se havia transformado em uma guerra de conquista sem fim. A sociedade estabelecida sobre a Razão não tivera melhor sorte. O antagonismo dos ricos e dos pobres, em vez de resolver-se no bem-estar geral, tornou-se mais agudo, em virtude da abolição das corporações e outros privilégios que o atenuavam e dos estabelecimentos caritativos da Igreja que o abrandavam. O desenvolvimento da indústria sobre uma base capitalista fez da pobreza e da miséria das massas operárias a condição vital da sociedade. O número dos crimes aumentou de ano a ano. Se os vícios feudais, que outrora se ostentavam à vista de todos, foram recolhidos aos bastidores, os vícios burgueses, outrora mantidos somente em segredo, floresceram com incontinência. O comércio tornou-se cada vez mais uma trapaça legalizada. A "fraternidade" da divisa revolucionária se personificou nas chicanas e rivalidades da concorrência. A corrupção geral suplantou a opressão violenta; o ouro suplantou a espada, como primeira alavanca social. O *jus primæ noctis*[4] passou do barão feudal ao dono de fábrica. A prostituição tomou proporções até então desconhecidas. O casamento continuou sendo a forma legal, o manto oficial da prostituição, e se completou pelo adultério em grande escala. Em uma palavra, comparadas às pomposas promessas dos filósofos, as instituições políticas e sociais que acompanharam a vitória da Razão apareceram como falazes e penosas caricaturas. Só faltavam homens que constatassem esse desencantamento, e esses homens apareceram no decurso do século XVIII. Em 1802, Saint-Simon publicou suas Cartas de Genebra; em 1808, Fourier sua primeira obra, se bem que as bases de sua teoria datem de 1799 e, em 1º de janeiro de 1800, Robert Owen tomou a direção de New-Lanark.

Nessa época, a produção capitalista e o antagonismo entre a burguesia e o proletariado estavam ainda em seus primórdios. A grande indústria iniciava-se na Inglaterra e era desconhecida na França. Só a grande indústria gera os conflitos que reclamam imperiosamente uma revolução no modo de produção – conflitos não só entre as classes oriundas da grande indústria, como também entre as forças produtivas e as formas de troca. Além disso, essa grande indústria desenvolve, no meio de suas gigantescas forças produtivas, os meios de resolver esse conflito. Se, em 1800, os conflitos provindos das novas condições apenas nasciam, com maior razão ainda não se desenvolviam os meios de resolvê-los. As massas proletárias de Paris, que, por ocasião do Terror, conquistaram momentaneamente o poder, demonstraram a impossibilidade de mantê-lo nas condições existentes. O proletariado acabava apenas de se destacar da massa dos que nada possuíam para formar o núcleo de uma nova classe; era ainda uma massa sofredora e oprimida, incapaz de toda iniciativa, de toda ação política e que necessitava de socorro alheio e superior.

Essa situação histórica dominou também os fundamentos do socialismo. De uma produção de pouco vulto, de uma luta de classes pouco desenvolvida, nasceram teorias imperfeitas. A solução do problema social, ainda oculta no não acabamento das condições econômicas, teve de ser em tudo construída pelo cérebro. A sociedade só apresentava incongruências; o estabelecimento da humanidade veio a ser o problema da Razão. Era preciso, pois, edificar todo um novo e completo sistema

---

4. "O direito à primeira noite.".

social; era preciso impô-lo à sociedade pela propaganda e, quando possível, pelo exemplo das colônias-modelos. Esses novos sistemas sociais estavam, pois, condenados à falência, e quanto mais detalhadamente fossem elaborados, tanto mais fantásticos deveriam tornar-se. Dito isso, de uma vez por todas, não mais nos deteremos nesse prisma fantástico que pertence inteiramente ao passado. Que vulgares literatos esmiúcem solenemente essas fantasmagorias irrisórias e façam valer, à vista desses sonhos utópicos, a sua metódica superioridade intelectual. Preferimos pesquisar os germens dos pensamentos geniais encobertos por esse invólucro fantástico e para os quais esses filisteus[5] não possuem olhos.

O utopismo na França: Saint-Simon, Fourier

Saint-Simon é filho da grande Revolução Francesa, pois não tinha mais de trinta anos ao seu início. A Revolução foi o triunfo da grande maioria da nação, a que tomava parte ativa na produção e no comércio, sobre as duas ordens até então ociosas e privilegiadas, o clero e a aristocracia.

Mas a vitória do Terceiro Estado se tinha patenteado mais uma vitória decisiva de uma parte apenas do mesmo, a conquista do poder político por uma fração privilegiada, a burguesia detentora da terra ou do capital. Com efeito, durante a revolução, aquela se tinha desenvolvido rapidamente, especulando sobre o confisco das propriedades da aristocracia e da Igreja, então adquiridas, ou fraudando a nação nos fornecimentos do exército.

Foi o domínio dos negocistas que atirou, durante o governo do Diretório, a França e a revolução à beira do precipício e deu pretexto a Napoleão para o seu golpe de Estado. Assim, para Saint-Simon, o conflito entre o Terceiro Estado e as ordens privilegiadas assumia a forma de um conflito entre "trabalhadores" e "ociosos". Estes não eram somente os antigos privilegiados, mas principalmente os que viviam de rendas sem participar, por qualquer forma, da produção e do comércio.

---

5. Espíritos vulgares, burgueses de visão curta.

Os "trabalhadores" não eram somente os assalariados, mas também os industriais, os comerciantes, os banqueiros. Que os primeiros tivessem perdido todo o ascendente e direito à direção moral da sociedade e ao domínio político era fato indiscutível, definitivo após a revolução. Que os segundos não possuíam ainda essa capacidade parecia a Saint-Simon suficientemente provado pela experiência do "terror". A quem cabia dirigir e dominar? Segundo Saint-Simon, à ciência e à indústria, ambas unidas por um novo vínculo religioso, que restabeleceria a unidade das concepções religiosas despedaçada desde a Reforma, isto é, um "novo cristianismo", necessariamente místico e hierárquico.

A ciência daria os mestres, e a indústria os burgueses ativos, os industriais, os comerciantes e os banqueiros. Os burgueses deveriam transformar-se em funcionários, estipendiados pela sociedade, se bem que mantivessem em relação aos trabalhadores uma posição superior e economicamente privilegiada. Os banqueiros, mediante uma regularização do crédito, deveriam ordenar toda a produção social.

Essa concepção corresponde perfeitamente ao tempo em que, na França, a grande indústria, isto é, o contraste entre a grande burguesia e o proletariado, estava ainda nos seus primórdios. Mas Saint-Simon insiste sobre a sorte da classe mais pobre e mais numerosa.

Já em suas Cartas de Genebra, Saint-Simon assentava que "todos os homens devem trabalhar". No mesmo escrito diz que o reinado do Terror tinha sido o reinado das massas dos que nada possuíam... Encarar, em 1802, a Revolução Francesa como uma luta de classe, e não só entre a nobreza e a burguesia, mas entre nobreza, burguesia e as classes dos que nada possuíam, era uma descoberta genial. Em 1816, definiu a política como a ciência da produção e predisse a sua absorção pela economia. A ideia de que as condições econômicas servem de base às instituições políticas aparece aqui embrionariamente; entretanto, essa proposição contém claramente a conversão do governo político dos homens em uma administração das coisas e em uma direção do *processus*[6] de produção, isto é, a abolição do Estado, em torno da qual se tem feito, ultimamente, tanto alarido.[7]

---

6. *Processus* – palavra latina, frequentemente empregada pela escola hegeliana, significa marcha para a frente, desenvolvimento, sequência progressiva de fenômenos formando um todo. O *processus* de produção significa, pois, a série de fenômenos sucessivos que constituem a produção.

7. Alusão a Bakunin e aos seus partidários na Internacional.

Com uma invariável superioridade de visão sobre seus contemporâneos, declarou, em 1814, imediatamente depois da entrada dos aliados em Paris, e ainda em 1815, durante a guerra dos Cem Dias, que a garantia única da paz e do próspero desenvolvimento da Europa era a aliança da França com a Inglaterra e desses dois países com a Alemanha. É claro que era preciso uma coragem pouco comum para pregar aos franceses de 1815 a aliança com os vencedores de Waterloo.

Se em Saint-Simon encontramos uma larga visão verdadeiramente genial, que nos permite ver em embrião quase todas as ideias não estritamente econômicas dos socialistas que o seguiram, em Charles Fourier encontramos uma crítica das condições sociais existentes que, por ser feita com um espírito todo gaulês, não é por isso menos profunda. Fourier desmascara a burguesia com seus inspirados profetas de antes e seus aduladores interesseiros de depois da Revolução. Põe a nu, sem piedade, a miséria material e moral do mundo burguês, confronta-a com as brilhantes promessas dos filósofos que anunciavam uma sociedade na qual devia reinar a Razão, uma civilização que devia dar o bem-estar geral, uma perfeição indefinida do homem; compara-a com a fraseologia cor-de-rosa dos ideólogos contemporâneos; prova como, por toda a parte, a realidade mais miserável corresponde à frase mais grandiloquente e derrama seus sarcasmos sobre o fiasco irremediável da frase, e Fourier é não só um crítico mas, graças à serenidade de sua natureza, é também um satírico e, incontestavelmente, um dos maiores satíricos que existiram até hoje. Pinta, tão poderosa quanto espirituosamente, as trapaças especulativas que floresceram após o declínio da Revolução e a rapinagem desenfreada de todo o comércio francês do seu tempo.

Ainda mais mordaz é a crítica que faz das relações sexuais da burguesia e a posição social das mulheres.

É o primeiro a declarar que, em determinada sociedade, o grau de emancipação geral se mede pelo grau da emancipação da mulher. Mas, o que em Fourier é notável é a sua concepção da história da sociedade. Ele a divide em quatro períodos de desenvolvimento: selvageria, barbaria, patriarcado, civilização, compreendendo por esta última a civilização burguesa e demonstrando, em seguida, como a ordem civilizada eleva todos os vícios da barbaria – da forma simples à forma complexa, com um sentido duplo, equívoco e hipócrita; faz ver que a civilização se move em "círculo vicioso", nas contradições que reproduz sem cessar, sem poder resolvê-las, de forma que atinge sempre o contrário do que procurava ou pretendia procurar; que, por exemplo, na civilização, "a pobreza nasce da própria superabundância". Fourier, como se vê, manejava a dialética com tanto poder quanto seu contemporâneo Hegel. Enquanto a fraseologia dos seus contemporâneos não se esgotava sobre a perfectibilidade ilimitada do homem, ele demonstrou que toda fase histórica tem seu período ascendente e descendente, e aplicou essa maneira de ver ao futuro da espécie humana. Se, desde Kant, a ciência natural admite a futura morte dos corpos celestes, desde Fourier, a ciência histórica não pode ignorar a futura morte da humanidade.

O utopismo inglês e Robert Owen

Enquanto o tufão revolucionário varria a França, uma revolução menos estrepitosa, mas tão poderosa, se realizava na Inglaterra. O vapor e a máquina-instrumento transformaram a manufatura em grande indústria e revolucionaram todos os fundamentos da sociedade burguesa. O moroso movimento da manufatura transformou-se em um violento período de produção à alta pressão. Com rapidez sempre crescente, a sociedade se dividiu em grandes capitalistas e em proletários explorados; a pequena burguesia, até então a classe mais estável da sociedade, transformou-se em uma massa errante de artesãos e de pequenos varejistas, levando uma existência tormentosa e formando a parte mais flutuante da população. Entretanto, o novo modo de produção estava no início de seu período ascendente, era ainda o modo de produção normal, o único possível diante das circunstâncias, e já tinha produzido as mais graves incongruências sociais: aglomeração de uma população errante nos horríveis cortiços das grandes cidades; dissolução de todos os laços tradicionais da subordinação patriarcal e da família; trabalho excessivo, principalmente das mulheres e das crianças, levado ao seu limite extremo; completa desmoralização da classe operária atirada repentinamente a condições inteiramente novas. Foi então que apareceu, como reformador, um fabricante de 29 anos, homem que aliava a uma simplicidade infantil, quase sublime, um poder de dirigir os homens como poucos possuíram. Robert Owen tinha assimilado a doutrina dos materialistas do século XVIII, segundo a qual o caráter do homem é o produto, por um lado, de sua organização nativa, e, por outro lado, das circunstâncias que o cercam durante a vida e, principalmente, durante o período do seu desenvolvimento. Na Revolução Industrial, a maior parte dos fabricantes seus contemporâneos só viu confusão e caos, circunstâncias favoráveis à pesca em águas turvas, senão à conquista de uma rápida fortuna. Nela, viu ele, ao contrário, a ocasião de pôr ordem no caos e aplicar o seu teorema favorito. Já tinha feito uma feliz experiência em Manchester numa fábrica de 500 operários da qual era diretor. De 1800 a 1829, aplicou esses mesmos princípios, em sua qualidade de sócio-diretor da grande fiação de New Lanark na Escócia, porém com maior liberdade de ação e com um êxito que lhe valeu uma reputação europeia. Transformou uma população de cerca de 2.500 operários, composta de elementos diversos e a maior parte desmoralizados, em uma colônia-modelo onde a embriaguez, a polícia, a prisão, os processos, a assistência pública e a necessidade de caridade privada eram desconhecidos.

Tudo isso, simplesmente, porque os operários eram colocados nas mais dignas condições de homens, porque a geração que crescia era cuidadosamente tratada. Owen foi o primeiro inventor das "creches" que ele introduziu em New Lanark. Desde a idade de dois anos, as crianças eram enviadas à escola, onde de tal forma se divertiam, que se encontrava grande dificuldade para fazê-las voltar à casa. Enquanto seus concorrentes trabalhavam 13 a 14 horas, ele tinha reduzido o trabalho em sua fábrica a 10 horas e meia. Durante uma crise algodoeira que paralisou o trabalho durante 4 meses, os operários continuaram a receber integralmente os seus salários. Não obstante, a fábrica duplicava o seu valor e o capital investido deu aos proprietários, até o último momento, lucros avultados.

Mas, tudo isto não satisfez Owen. A existência que obtivera para seus operários não lhe parecia bastante digna. "Esses homens eram meus escravos, dizia; as condições relativamente favoráveis em que eu os colocara, estavam ainda muito longe de poder permitir um desenvolvimento completo e racional dos caracteres e das inteligências e, ainda menos, o livre exercício das faculdades." "Um pequeno grupo de 2.500 homens produzia mais riqueza real para uma sociedade do que uma população de 600 mil homens há cerca de meio século. Eu mesmo me perguntava: que é feito da diferença entre a riqueza consumida por esses 2.500 homens e a que teriam consumido 600 mil?" A resposta era simples. Foi consagrada a pagar aos proprietários do estabelecimento um juro de 5% pelo capital empatado, além de um lucro realizado de mais de 300 mil libras. O que era certo para New Lanark, o era com maior razão para todas as fábricas da Inglaterra. "Sem essa nova riqueza criada com o auxílio da máquina, não se poderia sustentar as guerras contra Napoleão, para a conservação dos princípios aristocráticos da sociedade. E, entretanto, esse novo poder era obra da classe operária."[8]

Devia, pois, pertencer-lhe. As novas forças produtivas que até então só tinham servido para enriquecer a minoria e para escravizar as massas, tornaram-se, para Owen, as bases da reorganização social; eram destinadas a pertencer à comunidade e a ser empregadas para o bem-estar comum.

Dessa maneira prática, consequência, por assim dizer, do cálculo comercial, nasceu o comunismo de Robert Owen. Conservou sempre esse caráter prático. Assim, em 1823, Owen propôs-se eliminar a miséria da Irlanda por meio de colônias comunistas. Submeteu a detalhado estudo o custo do empreendimento, calculando as despesas anuais e os prováveis lucros. O seu plano definitivo de reformas é estudado tão minuciosamente e com tal conhecimento prático que, empregado o seu método, nenhuma objeção se lhe poderia fazer mesmo do ponto de vista técnico.

A adesão ao comunismo foi o momento crítico da vida de Owen. Enquanto se contentava com o papel de filantropo, colhia riqueza, renome, honras e glórias. Foi o homem mais popular da Europa. Não só os burgueses, mas os homens de Estado e os príncipes o escutavam e aplaudiam. Mas, quando se fez apóstolo do comunismo, tudo mudou. Segundo Owen, três grandes obstáculos impedem toda reforma social: a propriedade privada, a religião e a forma atual de casamento. Sabia o que o esperava se as combatesse: banimento da sociedade oficial e perda de sua posição social. Mas nada o deteve e tudo o que tinha previsto aconteceu. Foi posto à margem da sociedade oficial, a imprensa estabeleceu a conspiração do silêncio em torno do seu nome e, por cúmulo, as suas experiências comunistas da América, nas quais sacrificou toda sua fortuna, o arruinaram. Dirigiu-se diretamente aos operários e entre

---

8. Essas citações foram extraídas do memorial enviado por R. Owen à rainha Vitória, aos seus ministros responsáveis e ao governo provisório francês de 1848, e o qual era dirigido aos "republicanos, comunistas e socialistas europeus".

eles viveu trinta anos sempre ativo. A todos os progressos reais, a todos os movimentos sociais da Inglaterra interessando as classes operárias, está ligado o nome de Robert Owen. Em 1819, após cinco anos de esforços, fez passar a primeira lei que limitava o trabalho das mulheres e das crianças nas fábricas; presidiu ao primeiro congresso onde as *Trade Unions* se uniram em uma sociedade geral de resistência;[9] introduziu, como medidas transitórias, esperando uma organização comunista da sociedade, de um lado, as sociedades cooperativas de produção e de consumo, que tiveram pelo menos o mérito de provar a completa inutilidade dos negociantes, e dos donos de manufaturas, e, de outro lado, os "bazares do trabalho" para a troca dos produtos do trabalho, com o auxílio de um papel-moeda tendo por unidade de valor a hora de trabalho. Essas instituições caíram fatalmente por terra, mas antecipavam o "banco de troca" que Proudhon estudou em 1848. Apenas o papel-moeda de Owen não se apresentava como uma panaceia universal para os males sociais, mas simplesmente como o primeiro passo para uma revolução muito mais radical de toda a sociedade.

As opiniões dos utopistas dominaram por longo tempo as concepções socialistas do século XIX e as dominam em parte ainda hoje. Não há muito, eram os socialistas franceses e ingleses afeitos delas, e o comunismo de Weitling era também uma tendência socialista utópica.

O socialismo é, para os utopistas, a expressão da verdade, da razão, da justiça absoluta, e conquistará o mundo pela força imanente da própria virtude. A verdade absoluta é independente do tempo, do ambiente, do grau de desenvolvimento dos homens; o tempo e o lugar da sua revelação dependem unicamente do acaso. Se a verdade, a razão e a justiça absoluta são diversas nos diversos fundadores de sistemas e, para cada um deles, o modo especial de ser da verdade, da razão e da justiça absoluta é, por sua vez, determinado pela inteligência, condições de vida, cultura e disciplina escolar, é claro que não pode haver, nesse conflito de verdades absolutas, qualquer conclusão a não ser a de verificar-se que cada um desses sistemas se funda nos precedentes.

Não podia, pois, haver senão uma forma eclética de socialismo, a qual domina até hoje a mentalidade da maioria dos operários socialistas

---

9. Foi a *Grande União Consolidada dos Ofícios* (1833-1834). *Trades Union:* união geral de todos os ofícios (que é preciso não confundir com as *trade-unions*, que são sindicatos de ofício). Sobre a "Grande União", cf. Ed. Dolléean, Robert Owen (Paris, 1905).

franceses e ingleses; uma sala confusa de críticas pouco construtivas, de doutrinas econômicas e de representações de sociedades futuras, e que varia segundo os diferentes teóricos, e revela antes a realidade ambiente, tanto mais rapidamente quanto o ardor da polêmica apara as arestas, como se arredondam os seixos no fundo de um regato.

Mas tudo não saía do terreno da utopia. Para fazer do socialismo uma ciência, era necessário antes de tudo colocá-lo nos seus termos realmente possíveis.

II
SOCIALISMO CIENTÍFICO

Durante esse tempo, desenvolvia-se em continuação à filosofia francesa do século XVIII a filosofia alemã moderna que atingiu em Hegel seu ponto culminante. Seu grande mérito era exaltar a dialética como a forma mais elevada do pensamento. Os antigos filósofos gregos eram todos dialéticos e Aristóteles, a cabeça mais enciclopédica dentre eles, já tinha analisado as formas essenciais do pensamento dialético. A filosofia dos séculos XVII e XVIII, se bem que a dialética encontrasse nela brilhantes representantes (Descartes, Spinoza etc.), era mais arrastada, graças sobretudo à influência inglesa, para o chamado método metafísico, que reinou quase que exclusivamente entre os franceses do século XVIII pelo menos em suas obras especialmente filosóficas. Mas, fora da filosofia propriamente dita, eles foram igualmente capazes de produzir obras-primas de dialética, entre as quais mencionaremos o *Sobrinho de Rameau*, de Diderot, e o *Discurso sobre a Origem e os Fundamentos da Desigualdade entre os Homens*, de Rousseau. Daremos, em breve, os traços essenciais dos dois métodos.

Quando submetemos à observação intelectual a natureza, a história humana ou a nossa própria atividade mental, o que primeiramente se nos oferece é a imagem de uma cadeia interminável de fatos ligados uns aos outros e agindo uns sobre os outros, na qual nada fica onde estava nem o que era, nem como era, mas tudo se move, se transforma, vai, vem e perece. Essa maneira de encarar o mundo, primitiva, ingênua, mas no fundo justa, é a antiga filosofia grega. Heráclito foi o primeiro a formulá-la com clareza: "Tudo existe e não existe, porque tudo flui", tudo está em eterna transformação, eterno nascimento, eterno perecer. Mas, essa maneira de ver, conquanto exprima com muita exatidão o caráter geral do quadro que oferece à nossa observação o conjunto dos fenômenos do mundo real, deixa escapar os detalhes, por não descer ao seu estudo especial. Entretanto, enquanto não estivermos em condições de apreender esses detalhes, não teremos uma ideia clara do quadro geral que se desenrola sob nossas vistas. Para conhecer esses detalhes, seremos obrigados a destacá-los de sua conexão natural ou histórica e examiná-los um por um, segundo suas qualidades, suas causas e seus efeitos particulares. É esse o problema das ciências naturais e históricas. Essas ciências especiais não podiam, por motivos óbvios, ocupar o primeiro lugar entre os gregos dos tempos clássicos, pois, antes de tudo, era necessário preparar a documentação dos fatos.

Os primórdios das ciências naturais exatas foram elaborados pelos gregos do período alexandrino[1] e mais tarde pelos árabes da Idade Média. A verdadeira ciência natural data da segunda metade do século XV e progrediu, desde então, com crescente rapidez. A decomposição da natureza em suas partes integrantes, a separação dos diferentes fenômenos e objetos naturais em categorias distintas, o estudo aprofundado dos corpos orgânicos na variedade de suas formas anatômicas, tais foram as condições essenciais dos progressos gigantescos que os quatro últimos séculos realizaram no conhecimento da natureza. Mas esse método de trabalho nos legou o hábito de estudar os objetos e os fenômenos naturais isoladamente, fora das relações recíprocas que os ligam em um grande todo, isto é, não em seu movimento, mas em seu repouso, não como essencialmente variáveis, mas como essencialmente constantes, não em sua vida, mas em sua morte. E quando aconteceu, graças a Bacon e a Locke,[2] que esse hábito de trabalho passasse das ciências naturais para a filosofia, produziu-se a estreiteza peculiar aos últimos séculos: o método metafísico.

A dialética se opõe à metafísica

Para o metafísico, as coisas e os seus reflexos intelectuais, as noções, são fatos isolados, devendo ser considerados uns após outros, uns sobre

---

1. Período da história grega durante o qual Alexandria (Egito) tornou-se não só a capital do reino dos Ptolomeus, fundado em 323 a.C., mas a metrópole intelectual e comercial do mundo oriental.
2. *Francis Bacon* (1561-1626), chanceler da Inglaterra e filósofo, contribuiu grandemente com o seu *Novum Organum*, para introduzir o método experimental e indutivo. *John Locke* (1632-1704) combateu as ideias inatas e colocou na experiência dos sentidos a origem de todos os nossos conhecimentos.

os outros; objetos invariáveis, fixos, imóveis, dados uma vez por todas. Pensa por antíteses desprovidas de todo meio termo; afirma e nega; tudo o que está além é sem valor. Para ele, uma coisa existe ou não existe; uma coisa não pode ser ao mesmo tempo ela própria e outra diferente dela. O negativo e o positivo se excluem absolutamente. Causa e efeito estão em direta e recíproca oposição.

Essa maneira de ver nos parece, à primeira vista, extremamente plausível, porque é a do senso comum. Este senso comum, companheiro muito respeitável enquanto permanece calafetado em seu buraco cavado para uso próprio, encontra aventuras bem divertidas quando se embrenha no extenso mundo da ciência. E o método metafísico, por mais justificado e necessário que seja em numerosos domínios mais ou menos extensos segundo o objeto da análise, chega, cedo ou tarde, a um limite além do qual se torna parcial, limitado e abstrato, perdendo-se em contradições insolúveis. Na contemplação dos fatos isolados, ele esqueceu suas relações recíprocas; na de sua existência, esquece seu desenvolvimento e seu parecer; na do repouso, esquece o movimento; à força de ver as árvores, não vê mais a floresta.

Podemos dizer com bastante exatidão, pelas necessidades de todos os dias, se um animal existe ou não. Mas uma pesquisa mais profunda nos faz ver que muitas vezes esse problema é dos mais complicados, como muito bem o sabem os juristas, que se têm esforçado por encontrar um limite racional além do qual a destruição do filho nas entranhas da mãe seria um assassínio. Da mesma forma, é impossível fixar o momento da morte; a pesquisa fisiológica tem demonstrado que a morte não é um fenômeno instantâneo, mas um processo de longa duração. Assim também, todo ser orgânico é, ao mesmo tempo, igual e diferente de si mesmo; em um mesmo instante, assimila matérias estranhas e desassimila sua própria matéria; em um mesmo momento, células de seu corpo morrem e outras se criam. Em um maior ou menor espaço de tempo, a matéria desse corpo é inteiramente renovada e substituída por outros átomos de matéria, de forma que todo ser orgânico é sempre e não é igual a si mesmo. Refletindo com atenção, verificamos que os dois polos de uma antinomia, o positivo e o negativo, são tão inseparáveis quanto irreconciliáveis entre si e se penetram mutuamente a despeito de toda a sua oposição. Da mesma maneira, causa e efeito são ideias que só têm valor em sua aplicação aos casos isolados; porém, logo que o caso isolado é encarado em suas relações gerais com o resto do universo, se confundem e se dissipam nas conexões de uma reciprocidade universal, em que causa e efeito mudam constantemente de lugar, e o que era causa em determinado lugar e a um dado momento torna-se efeito em um outro lugar e em um outro momento e vice-versa.

Todos esses processos naturais e métodos intelectuais estão fora do quadro do pensamento metafísico. A dialética, ao contrário, considera os objetos e suas representações intelectuais – as ideias – em seu movimento, em seu desenvolvimento e seu perecer; os fenômenos mencionados anteriormente só fazem corroborar sua forma de proceder. A natureza é a confirmação da dialética e devemos dizê-lo, para honra das ciências naturais, que estas nos forneceram essa confirmação por uma rica coletânea de fatos que diariamente demonstram que, em última instância, é a dialética e não a metafísica que impera na natureza. Mas, como os naturalistas que aprenderam a pensar dialeticamente são raros, o conflito que nasce entre as descobertas científicas e o método intelectual corrente explica a emaranhada confusão das teorias da ciência natural, conflito esse que desespera tanto os mestres como os alunos, os escritores como os leitores.

Uma exata representação do universo, do seu desenvolvimento e o da humanidade, assim como da reprodução desse desenvolvimento no cérebro humano, só pode ser feita pela dialética, pela constante observação das múltiplas ações e reações do "devir" e do parecer, pela consideração constante dos movimentos de progresso e de regresso. Foi por esse caminho que, desde o início, entrou resolutamente a filosofia alemã moderna. Kant começou sua carreira provando que o imóvel sistema solar de Newton e sua existência eterna, uma vez verificado o choque inicial, se resolviam em um processo histórico: na formação do sol e dos planetas à custa de uma massa nebulosa em rotação.

Ao mesmo tempo, o fato de que o sistema solar nascera o levava a concluir que esse sistema morreria necessariamente um dia. Esse ponto de vista, meio século mais tarde, foi demonstrado matematicamente por Laplace e, um século mais tarde, a análise espectroscópica provou a existência, no espaço, dessas massas gasosas incandescentes em diferentes graus de condensação.

A nova filosofia alemã se consubstanciou no sistema hegeliano, no qual, pela primeira vez, – e eis aí seu grande mérito, – o mundo inteiro, natural, histórico e intelectual, foi representado como um processo – isto é, como estando em mudança, transformação e desenvolvimento constantes – e no qual se procura encontrar a ligação íntima, formando um todo entre esse movimento e esse desenvolvimento. Desse ponto de vista, a história humana não aparecia mais como uma confusão caótica de violências insensatas, todas igualmente condenáveis diante do tribunal da razão filosófica, mas como a própria evolução da humanidade; o problema do pensamento era seguir a lenta marcha progressiva dessa evolução através de todos os seus desvios e procurar a lei íntima desses fenômenos devidos aparentemente ao acaso.

O erro idealista de Hegel

Que Hegel não tenha resolvido esse problema, pouco nos importa. Seu mérito, que assinalou uma época, é o de o ter formulado. Esse problema é dos que nenhum indivíduo por si só poderá resolver. Se bem que Hegel fosse, como Saint-Simon, o cérebro mais enciclopédico do seu tempo, era, entretanto, limitado: em primeiro lugar, pela extensão necessariamente circunscrita de seus próprios conhecimentos; em seguida, pela extensão igualmente restrita dos conhecimentos e das concepções de sua época. Além disso, Hegel era idealista, significando que, em lugar de considerar suas ideias como os reflexos intelectuais dos objetos e dos movimentos do mundo real, obstinava-se a só considerar os objetos do mundo real e as suas transformações como outros tantos reflexos de suas ideias. Para ele, a ideia de uma coisa preexistia, não se sabe onde nem como, à própria coisa; o mundo, afinal de contas, tinha sido criado à imagem de uma *Ideia Eterna*: era a realização dessa *Ideia Absoluta*, que, por conseguinte, é suposta como uma existência à parte e independente do mundo real. Essa maneira de ver revolucionou inteiramente as verdadeiras relações entre o mundo real e as ideias produzidas pelo cérebro humano, que não passa, afinal, de um produto desse mundo real. Se o gênio de Hegel se mostra em toda a parte no seu sistema, se, em cada página, achamos noções grandiosas e justas sobre inúmeras questões propostas pela ciência natural e pela história da humanidade, o sistema em seu conjunto só podia reproduzir o erro que lhe servia de base. Foi um colossal aborto, mas é o último do gênero. Além disso, encerrava em seu seio uma contradição insanável. De um lado, Hegel pretende, com razão, que a história da humanidade é, como pressuposto fundamental, um processo evolutivo cujo desenvolvimento, por sua própria natureza, não pode encontrar seu termo final na descoberta de uma verdade pretensamente absoluta; de outro lado, Hegel pretende que seu sistema é a síntese dessa verdade absoluta. Um sistema da natureza e da história completo e universal está em contradição com as leis fundamentais do pensamento dialético, o que não exclui, mas, ao contrário, afirma que o conhecimento sistemático do universo marcha a passos de gigante de geração em geração.

Volta ao materialismo na concepção da natureza

A constatação do erro fundamental desse idealismo alemão conduzia, necessariamente, ao materialismo; mas, bem entendido, não se tratava de uma simples volta ao materialismo metafísico e exclusivamente mecânico do século XVIII. Este último ímpeto revolucionário tinha ingenuamente considerado toda a história passada como um amálgama de crimes, tolices e loucuras. O materialismo moderno, ao contrário, vê na história o desenvolvimento gradual e muitas vezes interrompido da humanidade, e sua tarefa é descobrir as leis desse desenvolvimento. Os franceses do século XVIII, assim como Hegel, olhavam a natureza como um todo invariável, movendo-se em estreitos círculos de revolução constituído de corpos celestes eternos, como ensina Newton, com espécies invariáveis de seres orgânicos, como ensina Linneu. O materialismo moderno condensa os progressos recentes das ciências naturais, segundo os quais a natureza também tem sua história no tempo; os corpos celestes e as espécies orgânicas, que ali podem viver em circunstâncias favoráveis, nascem e morrem; os círculos de revolução tomam dimensões bem mais vastas. Nos dois casos, o materialismo é essencialmente dialético e nada tem a ver com a filosofia que pretende dar regras a todas as outras ciências. Desde que cada ciência especial é forçada a se aperceber exatamente do lugar que ocupa no conjunto dos fatos naturais e históricos e do nosso conhecimento desses fatos, toda ciência particular, que tenha por domínio exclusivo esse conjunto, torna-se inútil. No lugar da filosofia que abraça todas as ciências, só resta uma ciência: a ciência do pensamento e de suas leis, a lógica e a dialética. Todas as demais se resolvem na ciência positiva da natureza e da história.

Introdução do materialismo na concepção da história

Enquanto a revolução na concepção da natureza só se concluía proporcionalmente à quantidade de materiais positivos fornecidos pela ciência, produziram-se fatos históricos que exigiam uma transformação decisiva na concepção da história. Em 1831, rebentava em Lyon a primeira sublevação operária; de 1838 a 1842, o primeiro movimento nacional operário (o cartismo inglês) atingia o seu ponto culminante. A guerra de classes entre proletários e burgueses irrompeu no proscênio da história dos povos que decidem a sorte da humanidade. Intensificou-se proporcionalmente ao desenvolvimento da grande indústria e da supremacia política recentemente conquistada pela burguesia. As doutrinas da economia burguesa, a identidade dos interesses do capital e do trabalho, a harmonia universal, a prosperidade geral gerada pela livre concorrência, tudo isso foi brutalmente desmentido pelos fatos. Esses fatos não podiam ser ignorados pelo socialismo francês e inglês, que, apesar de suas imperfeições, era deles a expressão teórica. Mas a velha concepção idealista da história, que ainda sobrevivia, não conhecia nem guerras de classe baseadas em interesses materiais, nem qualquer interesse material; a produção e todas as relações econômicas só recebiam um olhar desdenhoso e furtivo; não passavam de elementos secundários da história da civilização. Os novos fatos impunham um novo exame de toda a história passada; viu-se, então, que as classes combatentes foram sempre e por toda a parte o produto do modo de produção e troca, numa palavra, das relações econômicas de sua época; que, por conseguinte, a estrutura econômica de determinada sociedade forma sempre a base real que devemos estudar para compreender toda a superestrutura das instituições políticas e jurídicas, assim como as concepções religiosas, filosóficas e outras que lhe são peculiares. Assim, o idealismo era expulso do seu último refúgio: a ciência histórica; a base de uma ciência histórica materialista estava constituída. Estava aberta a estrada que nos ia conduzir à explicação da maneira de pensar dos homens de determinada época por sua maneira de viver, em lugar de se querer explicar, como até então se havia feito, sua maneira de viver por sua maneira de pensar.

Mas, se o materialismo do século XVIII se tornara incompatível com a ciência natural moderna e dialética, o socialismo, tal como se tinha desenvolvido até aí, tornara-se incompatível com a nova ciência histórica materialista. O socialismo criticava, é verdade, a produção capitalista e suas consequências, mas não a explicava e não podia, por conseguinte, destruí-la teoricamente; podia, apenas, condená-la como inadequada.

As duas descobertas capitais de Marx

Mas o problema consistia, antes de tudo, em determinar o lugar histórico da produção capitalista no desenvolvimento da humanidade, demonstrar sua necessidade para um determinado período histórico e, por isso mesmo, a necessidade também de sua queda futura; depois, em desvendar o caráter íntimo, ainda oculto, da produção capitalista, pois a crítica se ocupara, até então, antes em descrever as incongruências produzidas do que em procurar as causas que determinavam essas incongruências.

Isso foi feito pela descoberta da mais-valia. Provou-se que a apropriação do trabalho não pago era a forma fundamental da produção capitalista e da exploração dos operários que dela participam; que o capitalista, mesmo pagando a força de trabalho do operário pelo valor real que, como mercadoria, tem no mercado, não obstante dela extrai mais valor do que deu para adquiri-la; e que essa mais-valia constitui, afinal, a soma dos valores de onde provém a massa do capital sempre crescente, acumulada nas mãos das classes possuidoras. O processo, tanto da produção capitalista como da produção do capital, estava explicado.

Essas duas grandes descobertas: a concepção materialista da história e a revelação do mistério da produção capitalista por meio da mais-valia, devemo-las a Marx. Elas fizeram do socialismo uma ciência, que agora nos cabe elaborar em todos os seus detalhes e em todas as suas relações.

III
MATERIALISMO HISTÓRICO

Evolução das forças produtivas

Primeiramente, a produção e, em seguida, a troca dos produtos, formam a base de toda a ordem social. Esses dois fatores determinam, em toda sociedade histórica, a distribuição das riquezas e, por conseguinte, a formação e a hierarquia das classes que a compõem. Se quisermos, pois, descobrir as causas determinantes de qualquer metamorfose ou revolução social, devemos procurá-las não no cérebro humano, não em seu conhecimento superior da verdade e da justiça eternas, mas nas metamorfoses do modo de produção e de troca; numa palavra, devemos procurá-las, não na filosofia, mas na economia da época estudada. Quantas vezes, na história, vemos apoderar-se das inteligências a convicção irresistível de que as instituições sociais existentes são irracionais e injustas; que o que fora outrora obra da razão, tornou-se um contrassenso; que o que fora um benefício, tornou-se um encargo! Que significa esse fenômeno? Significa que os métodos de produção e as formas de troca, lenta e silenciosamente, sofreram metamorfoses e que estas não mais se ajustam à ordem social baseada em condições econômicas caducas. Se esse ponto de vista é justo, segue-se que as novas condições econômicas devem também conter em si mesmas, em grau mais ou menos desenvolvido, os meios de afastar as incongruências constatadas. É preciso, pois, empregar esforços não em imaginar esses meios, mas em descobri-los nos fatos materiais da produção. Qual é, conseguintemente, a posição do socialismo moderno diante da ordem social vigente?

A ordem social vigente é criação da classe atualmente dominante, a burguesia. O modo de produção próprio à burguesia, designada, desde

Marx, pelo nome de produção capitalista, era incompatível com a ordem feudal, com os privilégios locais e de Estado, com os entraves das corporações e da servidão. A burguesia quebrou a ordem feudal para estabelecer, sobre suas ruínas, a ordem burguesa, o reinado da livre concorrência, da livre escolha do domicílio, do contrato livre, da igualdade perante a lei e outras maravilhas burguesas.

Desde então, estava aberto o caminho para a produção capitalista. No tempo da grande Revolução Francesa, a forma predominante dessa produção capitalista, no continente europeu pelo menos, era a manufatura baseada na divisão do trabalho. Mas, desde que o vapor e a máquina-instrumento transformaram essa manufatura em grande indústria, as forças produtivas elaboradas sob a direção da burguesia se desenvolveram com rapidez e amplitude inauditas. A manufatura, tendo chegado a certo grau de desenvolvimento, teve, forçosamente, de entrar em conflito com os entraves feudais das corporações: assim também, a grande indústria deverá uma vez completamente desenvolvida entrar em conflito com o modo capitalista de produção. As novas forças produtivas já ultrapassaram as formas burguesas de sua exploração. Esse conflito entre as forças produtivas e a forma de produção não é um conflito gerado no cérebro humano, como o do pecado original e a justiça divina, mas existe realmente, sob uma forma objetiva, independente da vontade e da conduta dos próprios homens que o determinaram. O socialismo não é mais do que o reflexo ideológico desse conflito prático, do que a sua repercussão nos cérebros da classe que sofre diretamente as suas consequências – a classe operária.

Conflito entre "as forças produtivas", que se tornaram sociais, e as formas da produção, que permaneceram individuais (entre o regime de produção e o regime de propriedade)

Em que consiste esse conflito?

Na Idade Média, antes da produção capitalista, só havia a pequena produção, que tinha por primeira condição a propriedade do produtor sobre os seus meios de produção: a agricultura estava a cargo do pequeno lavrador (livre ou servo) e nas cidades, a indústria estava nas mãos do artesão. Os meios de trabalho – a terra e os instrumentos agrícolas, a tenda e as ferramentas – pertenciam ao indivíduo e se destinavam ao uso individual; eram, por conseguinte, pequenos, limitados e, precisamente por essa razão, pertenciam geralmente ao produtor. Concentrar e aumentar esses meios de produção limitados e dispersos, transformá-los em poderosas alavancas da produção moderna, era precisamente o papel histórico da produção capitalista e de sua responsável, a burguesia. O modo por que a partir do século XV a burguesia cumpriu essa obra, percorrendo as três fases históricas da cooperação simples, da manufatura e da grande indústria foi exposto, com todos os detalhes, na quarta seção de *O Capital*, de Marx.[1] Demonstra-se também aí como a burguesia, arrancando esses meios de produção do seu isolamento, concentrando-os e submetendo a uma direção comum uma massa de forças produtivas individuais, de operários e de instrumentos de trabalho, transformou a própria natureza. De individuais tornam-se sociais. Se antes as famílias tinham sido suficientes para fazer trabalhar os antigos meios de produção isolados, era agora preciso um batalhão inteiro de operários para pôr em movimento esses meios de produção concentrados. O vapor e a máquina-instrumento acabaram e completaram essa metamorfose. A roca de fiar, o bastidor de tecer, o malho do ferreiro deram lugar à máquina de fiação, ao tear mecânico, ao martelo a vapor; em lugar da oficina industrial, a fábrica que reclama a cooperação de centenas e milhares de forças de um indivíduo, ou, uma série de atos individuais, passa a uma série de atos sociais. A coletividade tinha substituído o indivíduo na produção.

Mas essa transformação só atingiu a produção: ainda não modificou as antigas formas de troca. Ela se fazia em um meio social baseado na divisão do trabalho na sociedade. A divisão do trabalho na sociedade confere aos produtores a propriedade de seus produtos e dá, por isso, a esses produtos, a forma de mercadorias, cuja troca (compra e venda) constitui o laço social entre os produtores. Isso era justificado no tempo em que só havia produtores individuais e independentes: a forma de troca correspondia ao modo de produção. Foi nessa sociedade de pro-

---

1. Nos capítulos XIII (Cooperação), XIV (Divisão do trabalho e manufatura) e XV (Maquinismo e grande indústria).

dutores individuais de mercadorias que se introduziu a nova forma de produção. O seu caráter revolucionário foi tão pouco reconhecido que foi introduzida, ao contrário, como um meio de acrescer e desenvolver a produção de mercadorias. Serviu-se, desde o início, dos meios já existentes da produção e de troca de mercadorias: capital comercial, ofícios da Idade Média, trabalho assalariado. Apresentando-se como uma nova forma de produção de mercadorias, submeteu-se às formas de apropriação da produção de mercadorias.

Os meios de produção e os produtos, se bem que se tivessem tornado sociais, foram tratados como se continuassem a ser meios de produção e produtos individuais. Foram apropriados não pelos que tinham posto em movimento os meios de produção, e que tinham criado os produtos, mas pelo capitalista. Os meios de produção e a produção tornaram-se essencialmente sociais. Não obstante, são submetidos a um modo de apropriação que pressupõe a propriedade individual, onde cada um possui seus meios de produção e onde, por conseguinte, cada um possui também seu produto e o leva ao mercado. O novo modo de produção está submetido a esse modo de apropriação, apesar de ter destruído sua base.[2] Nesse antagonismo, que confere ao novo modo de produção seu caráter capitalista, encontram-se em embrião todos os antagonismos sociais modernos. À medida que o novo modo de produção invadia todas as indústrias e todos os países economicamente importantes, à medida que deslocava a produção industrial a ponto de reduzi-la a um papel insignificante, tanto mais acentuava a incompatibilidade entre a produção social e a apropriação capitalista.

---

2. Desnecessário explicar que, ainda quando a forma de apropriação permaneça invariável, o caráter da apropriação sofre uma revolução pelo processo que descrevemos, em não menor grau que a própria produção. A apropriação de um produto próprio e a apropriação de um produto alheio são, evidentemente, duas formas muito diferentes de apropriação. E advertimos de passagem que o trabalho assalariado, no qual se contém já o germe de todo o modo capitalista de produção, é muito antigo; coexistiu durante séculos inteiros, em casos isolados e dispersos, com a escravidão. Contudo, esse germe só pode se desenvolver até formar o modo capitalista de produção quando surgirem as premissas históricas adequadas.

O antagonismo entre as forças produtivas e a propriedade capitalista se traduz em um antagonismo de classes

Os primeiros capitalistas acharam, como dissemos, a forma do trabalho assalariado inteiramente feita. Mas esse trabalho assalariado era somente a ocupação excepcional, complementar, acessória, transitória do trabalhador. O lavrador que, de quando em quando se alugava por um dia, possuía o seu pedaço de terra, que lhe servia ao menos para suprir suas necessidades. As corporações estavam organizadas para que o companheiro de hoje pudesse ser o mestre de amanhã.

Mas desde que os meios de produção se tornaram sociais e foram concentrados nas mãos dos capitalistas, tudo mudou. O trabalho assalariado, outrora exceção e suplemento, tornou-se a regra e a base de toda a produção; outrora ocupação acessória, monopolizou todo o tempo de trabalho do produtor. O assalariado de um dia tornou-se assalariado por toda a vida. Realizou-se a separação entre os meios de produção, concentrados nas mãos dos capitalistas, e os produtores reduzidos a só possuírem sua força de trabalho. O antagonismo entre produção social e apropriação capitalista se afirma como antagonismo entre proletários e burgueses.

Generalização da troca, anarquia na produção social

Vimos que a produção capitalista se introduziu no meio de uma sociedade de produtores de mercadorias, de produtores individuais cujo único laço social era a troca de seus produtos. Mas toda sociedade baseada na produção de mercadorias tem por característica que os produtores, em lugar de dominar suas mútuas relações sociais, são por elas dominados. Cada um produz com os meios de produção acidentais que pode ter à mão para suas necessidades individuais de troca. Há anarquia na produção social. Mas a produção de mercadorias, como qualquer outra forma de produção, possui suas leis próprias, que lhe são inerentes, e essas leis se afirmam, apesar da anarquia, na anarquia e pela anarquia. Afetam a única forma persistente do laço social: a troca; levantam-se diante dos produtores como leis coercitivas da concorrência. Os produtores que, no início, as ignoram, têm necessidade de longa experiência para chegar à sua descoberta sucessiva. Impõem-se, pois, sem o concurso dos produtores e mesmo contra sua vontade; como a das leis da natureza, sua ação é cega e impiedosa. O produto domina o produtor.

Na sociedade medieval, a produção visava essencialmente à satisfação de necessidades pessoais do produtor e de sua família, onde havia relações de dependência, como no campo, satisfazia igualmente as necessidades do senhor. Mas não havia troca e os produtos não revestiam, pois, a forma de mercadorias. A família do lavrador produzia quase tudo de que necessitava, as roupas como os alimentos.

Só produziu mercadorias quando chegou a produzir um excedente sobre seu próprio consumo. Esse excedente, oferecido à troca, tornou-se mercadorias. Os artesãos, é verdade, tiveram, desde logo, que produzir em seu ofício para trocar, mas também eles trabalhavam, em grande parte, diretamente para o seu próprio consumo e eram todos possuidores de pequenos terrenos (campos e jardins); enviavam seu gado a pastar na floresta comunal, de onde tiravam lenha para o aquecimento no inverno e madeira para construção; as mulheres fiavam o linho, a lã etc. Vemos, pois, que a produção para a troca, a produção de mercadorias, estava ainda em sua infância. Por conseguinte, a troca era limitada, o mercado acanhado, o modo de produção estável; cada grupo se organizava isoladamente para a produção, excluindo os produtos dos outros grupos; a *Mark*[3] existia no campo e as corporações nas cidades.

Pouco a pouco, a produção se desenvolveu. O excedente do consumo imediato do produtor e de sua família ou do senhor feudal tomava dimensões mais importantes; a indústria das cidades produzia mais e melhor. Havia, pois, produção para o mercado; lançado na troca, esse excedente de produção se transformava, com efeito, em mercadorias. O comércio se desenvolveu e começou a ligar os diversos países uns aos

---

3. *Mark* é o nome da antiga comuna germânica baseada na comunidade da terra; muitos traços dessa comunidade conservaram-se até nossos dias, não somente nos países germânicos, mas ainda nos países ocidentais conquistados pelos germanos. (F.E.)

outros. Os progressos do comércio reagiram sobre a indústria e aceleraram seu desenvolvimento; a monotonia da antiga estabilidade estava definitivamente quebrada. Os progressos da divisão do trabalho romperam a antiga organização na qual cada família produzia diretamente para o seu próprio consumo. No campo como na cidade, na agricultura como na indústria, foi preciso, cada vez mais, produzir para a troca; os foros em espécie (jornada de trabalho, trigo, gado) transformaram-se em impostos ou em renda da terra que tiveram de ser pagos em dinheiro. Quase todos os produtos tomaram a forma de mercadorias, e os produtores, uma vez destruídas a antiga organização da *Mark* e as corporações, se transformaram cada vez mais em produtores de mercadorias, isolados e independentes. Foi então que estourou e se intensificou a anarquia da produção social.

Outro antagonismo: organização da produção no interior da fábrica – Anarquia da produção em toda a sociedade

Mas o principal instrumento que empregou o regime capitalista para intensificar essa anarquia na produção social foi precisamente o contrário da anarquia: crescente organização da produção, tornada social, na oficina que continuava como propriedade individual. Foi essa organização que pôs termo à antiga e tranquila estabilidade. Em toda indústria onde foi introduzida, não mais tolerou a seu lado qualquer dos antigos métodos de exploração; em toda a parte onde se apoderou do ofício da Idade Média, destruiu-o e transformou-o. O campo de trabalho tornou-se um campo de batalha. As grandes descobertas geográficas e a colonização por elas determinadas multiplicaram as saídas de mercadorias e transformaram o ofício feudal em manufatura capitalista.

Não só a luta estalou entre os produtores de uma mesma localidade, mas as lutas locais se transformaram em lutas nacionais e deram lugar às guerras comerciais dos séculos XVII e XVIII. Por fim, a grande indústria e o estabelecimento do mercado mundial generalizaram essas lutas e lhes imprimiram uma violência inaudita. A existência de condições favoráveis de produção, naturais ou artificiais, determina tanto a existência de capitalistas isolados, como a de indústrias e de nações inteiras. É a concorrência vital darwiniana transplantada da natureza para a sociedade com uma violência incrível. A selvageria animal se apresenta como o último termo do desenvolvimento humano. O antagonismo entre a produção social e a apropriação capitalista tomou a forma de um antagonismo entre a organização da produção social e a apropriação capitalista, um antagonismo entre a organização da produção em cada fábrica isolada e a anarquia da produção em toda a sociedade.

As consequências

1º Proletarização das massas, desemprego (exército industrial de reserva), miséria

É nessas duas formas antagônicas que lhe são imanentes, desde sua origem, que se move a produção capitalista, e que descreve esse "círculo vicioso" descoberto por Fourier. Mas, em sua época, Fourier não podia perceber que esse círculo se contraía progressivamente; que o movimento descreve antes uma espiral e tende, ao seu termo, como o movimento dos planetas, para uma colisão com seu centro de revolução. Primeiramente, é a força aceleradora da anarquia social da produção que, cada vez mais, transforma a maioria dos homens em proletários: e é essa massa proletária que porá, finalmente, um termo à anarquia da produção. Por outro lado, é a forma aceleradora da anarquia social na produção que transforma a perfectibilidade indefinida do maquinismo numa lei imperiosa, para todo capitalista industrial aperfeiçoar cada vez mais suas máquinas, sob pena de ruína.

Mas o aperfeiçoamento do maquinismo significa a eliminação de trabalho humano. Se a introdução e a multiplicação das máquinas significam a substituição de milhões de operários manuais por alguns milhares de operários que trabalham nas máquinas, o aperfeiçoamento do maquinismo significa a eliminação constante desses trabalhadores de máquinas e, finalmente, a criação de um número de operários em disponibilidade, excedendo as necessidades médias do capital, a criação de um grande exército industrial de reserva, disponível nas épocas em que a indústria trabalha à alta pressão, um grilhão que peia a classe operária em sua luta pela existência contra o capital, um regulador para manter o salário em nível baixo, conforme os interesses capitalistas. Acontece, para falar a linguagem de Marx, que a máquina se torna a mais poderosa arma do capitalismo em sua luta contra a classe operária; que o meio de trabalho arranca ao operário os seus meios de existência; que o próprio produto do trabalhador se torna o instrumento de sua sujeição. Acontece que "a economia do custo de produção se caracteriza pela mais desenfreada dilapidação da força de trabalho e a mais descarada parcimônia nas condições do seu aperfeiçoamento"; que a máquina, esse poderosíssimo meio de abreviar o trabalho, se torna o meio mais seguro de transformar a vida inteira do trabalhador e a da sua família em tempo de trabalho disponível para o lauto benefício do capital; acontece que o sobretrabalho de uns gera o desemprego de outros, e que a grande indústria, que percorre o globo à procura de novos consumidores, reduz as massas a uma alimentação mínima e destrói, com suas próprias mãos, o próprio mercado interno. "A lei que sempre equilibra o progresso da acumulação do capital com o da superpopulação relativa[4] prende o trabalhador ao capital mais solidamente que as correntes de Vulcano prendiam Prometeu a seu rochedo. É essa lei que estabelece uma correlação fatal entre a acumulação da riqueza e a acumulação da miséria, de tal forma que a acumulação da riqueza em um polo é igual à acumulação da pobreza, do sofrimento, da ignorância, do embrutecimento, da degradação moral, da escravidão no polo oposto, do lado da classe que produz o próprio capital."[5] Esperar da produção capitalista uma outra repartição dos produtos equivale a pretender que os eletrodos de uma bateria não decomponham a água, enviando o oxigênio ao polo positivo e o hidrogênio ao polo negativo, enquanto o circuito fica fechado.

---

4. Em *O Capital* (Livro I, cap. XXV), Marx mostra que a acumulação capitalista – "o progresso da riqueza sobre a base capitalista" – produz necessariamente o que ele chama uma superpopulação relativa. Os proletários lançados na superpopulação relativa pelo crescimento acelerado do capital social formam um exército industrial de reserva "que pertence", diz Marx, "ao capital de uma maneira tão absoluta como se ele o tivesse educado e disciplinado à sua custa e que lhe fornece 'a matéria humana' sempre explorável e sempre disponível".

5. MARX, Karl. *O Capital*, Livro I, cap. XXV.

2º Superprodução, crises, concentração capitalista

Vimos como a perfectibilidade do maquinismo moderno levada ao mais alto grau se transforma, por meio da anarquia social da produção, em uma lei implacável que obriga o capitalista industrial a aperfeiçoar constantemente suas máquinas para aumentar sua força produtiva. A simples possibilidade de desenvolver a escala de sua produção se transforma para ele, agora, em uma outra lei absolutamente obrigatória. A enorme força de expansão da grande indústria, em comparação com a qual a expansão dos gases é uma bagatela, toma agora a forma de uma necessidade qualitativa e quantitativa, que desafia toda compressão. Aqui, a compressão é o consumo, a exportação, o mercado dos produtos da grande indústria. Mas a capacidade de expansão do mercado não pode corresponder à expansão da produção. A colisão é inevitável, e como é sem solução, a não ser quebrando a forma capitalista da produção, essa colisão torna-se periódica. Eis aí um novo círculo vicioso no qual se move a produção capitalista.

Desde 1825, quando estourou a primeira crise geral, o mundo industrial e comercial, a produção e a troca dos povos civilizados, assim como de suas colônias mais ou menos bárbaras, se desordenaram, aproximadamente, uma vez a cada dez anos. O comércio paralisa, os mercados se atravancam, os produtos tornam-se abundantes e invendáveis; a moeda sai de circulação, o crédito desaparece, as fábricas fecham, as massas operárias ficam sem meios de subsistência, a bancarrota sucede à bancarrota e a venda forçada à venda forçada. Durante anos, perdura o atravancamento, os produtos se desperdiçam e se destroem em grande porção, até que os estoques de mercadorias pouco a pouco escasseiam, graças a uma depreciação mais ou menos considerável, até que a produção e a troca retomam gradualmente sua marcha. Pouco a pouco, a marcha industrial se acelera, põe-se a trote, o trote passa a galope, até a carreira desenfreada de um *steeplechase* geral da indústria, do comércio, do crédito e da especulação que, após os mais perigosos saltos, vem cair de novo no fosso da crise. E assim, sempre torna-se a repetir. Atravessamos seis crises desde 1825 e neste momento atravessamos a sétima. E o caráter dessas crises está tão claramente assinalado que Fourier descreveu-as todas, definindo a primeira como crise pletórica. Na crise, o antagonismo entre produção social e apropriação capitalista manifesta-se violentamente. A circulação paralisa; o meio de circulação, a moeda, torna-se um entrave à circulação.

Todas as leis da produção e da circulação são perturbadas. A colisão econômica atinge seu apogeu. O modo de produção se rebela contra o modo de troca, as forças produtivas contra o modo de produção cujos quadros não podem mais conter o desenvolvimento delas.

O fato de que a organização social da produção no interior da fábrica se desenvolveu a ponto de se tornar incompatível com a anarquia da produção na sociedade que existe fora dela e que a domina – esse fato se impõe à inteligência do próprio capitalista pela concentração violenta dos capitais que se dá em cada crise, pela ruína de muitos grandes capitalistas e de um número bem mais considerável de pequenos. O mecanismo completo da produção capitalista rende-se sob a pressão das forças produtivas que ele próprio criou. Criou uma tal quantidade de forças produtivas que não é mais possível transformá-las em capital, isto é, em meios de explorar a força de trabalho da classe operária.

Por essa causa, as forças cessam de trabalhar e, porque cessam de trabalhar, o exército industrial de reserva também é forçado a ficar sem trabalho. Situação extraordinária! Meios de produção, meios de subsistência, trabalhadores disponíveis, todos os elementos da produção e da riqueza abundam, mas, como diz Fourier, a abundância torna-se fonte de penúria e de miséria, porque é ela que impede os meios de produção e de subsistência de se transformarem em capital. Para funcionar no meio capitalista, os meios de produção devem previamente tomar a qualidade de capital, de meios de exploração da força de trabalho. É uma fatalidade que se ergue agora como um espectro diante dos operários, os meios de produção e de existência. É somente ela que impede o contato e, por conseguinte, a cooperação das alavancas pessoais e das alavancas materiais da produção; que veda aos meios de produção seu funcionamento e aos operários trabalhar e viver.

Rompei a forma de produção, permiti aos meios de produção de funcionar, sem tomar a forma de capital e o absurdo que existe nos fatos dissipar-se-á, a crise desaparecerá e tereis dado à sociedade a possibilidade de viver.

Tendência para a eliminação do capitalista individual

Está, pois, constatado, primeiramente, que o modo de produção capitalista tornou-se incapaz de dirigir, doravante, as forças produtivas que criou; depois, que essas próprias forças produtivas encaminham-se cada vez mais imperiosamente para a solução do antagonismo, para a abolição de sua qualidade de capital e para o reconhecimento prático do seu caráter real, o de forças produtivas sociais. É essa reação, sempre crescente, das forças produtivas contra sua qualidade de capital, e é esse reconhecimento imperiosamente exigido do seu caráter social, que cada vez mais constrange a classe capitalista, tanto quanto o permite a natureza do capital, a tratá-las como forças produtivas sociais. O período de produção intensiva pelo seu crédito inflacionado ao extremo, e também a crise, pela ruína de grandes estabelecimentos capitalistas, impõem a grandes quantidades de meios de produção a socialização que se manifesta sob a forma de sociedade por ações. Muitos desses meios de produção e de comunicação são, desde o início, tão gigantescos que, como as estradas de ferro, excluem qualquer outra forma de exploração capitalista. Mas, a um outro grau de desenvolvimento, também essa forma torna-se insuficiente: o representante oficial da sociedade capitalista, o Estado, deve tomar a direção dessas forças produtivas.[6] Essa necessidade de transformação em propriedade

---

6. E digo que tem de tomar a seu cargo, pois a nacionalização só representará um progresso econômico, um passo adiante para a conquista pela sociedade de todas as forças produtivas, embora essa medida seja levada a cabo pelo Estado atual, quando os meios de produção ou de transporte superarem já efetivamente os marcos diretores de uma sociedade anônima, quando, portanto, a medida da nacionalização já for economicamente inevitável. Contudo, recentemente, desde que Bismarck empreendeu o caminho da nacionalização, surgiu uma espécie de falso socialismo, que degenera de quando em vez em um tipo especial de socialismo, submisso e servil, que em todo ato de nacionalização, mesmo nos adotados por Bismarck, há uma medida socialista. Se a nacionalização da indústria do fumo fosse socialismo, seria necessário incluir Napoleão e Metternich entre os fundadores do socialismo. Quando o Estado belga, por motivos políticos e financeiros perfeitamente vulgares, decidiu construir por sua conta as principais linhas térreas do país, e quando Bismarck, sem que qualquer necessidade econômica o levasse a isso, nacionalizou as linhas mais importantes da rede ferroviária da Prússia, pura e simplesmente para assim poder manejá-las e aproveitá-las melhor em

do Estado se faz sentir, primeiramente, para os grandes organismos de comunicação: os correios, os telégrafos, as estradas de ferro etc.

Se as crises provam a incapacidade da burguesia dirigir, doravante, as forças produtivas modernas, a transformação dos grandes organismos de produção e de comunicação em sociedades por ações e em propriedades do Estado mostram que a burguesia tornou-se supérflua. Todas as funções sociais dos capitalistas são agora preenchidas por empregados assalariados. O papel social dos capitalistas se limita a auferir lucros, a destacar *coupons* e a jogar na Bolsa, onde se despojam mutuamente de seus capitais. A produção capitalista que começou por lançar o operário na superpopulação relativa acaba por precipitar nela, por sua vez, o capitalista, esperando que ela lhe designe seu lugar no exército industrial de reserva.

Mesmo que as forças produtivas estejam nas mãos de sociedades por ações, ou do Estado, conservam, entretanto, sua qualidade de capital. O fato é patente para as sociedades por ações. E o Estado moderno é a organização a que se entrega a sociedade burguesa, para abrigo dos ataques, tanto dos capitalistas individuais como dos operários. O Estado moderno, qualquer que seja sua forma, é uma máquina essencialmente capitalista, o Estado dos capitalistas, ou para dizer melhor, o capitalista coletivo ideal. Quanto mais monopoliza forças produtivas, tanto mais se transforma em capitalista coletivo real, tanto maior é o número de cidadãos que explora. Seus operários ficam sempre assalariados, proletários.

A relação capitalista entre assalariador e assalariado não é destruída, mas, acentuada cada vez mais, explode. A apropriação pelo Estado das forças produtivas não resolve o conflito, mas contém elementos dessa solução.

---

caso de guerra, para converter o pessoal das ferrovias em gado eleitoral submisso ao Governo e, sobretudo, para encontrar uma nova fonte de rendas isenta de fiscalização pelo Parlamento, todas essas medidas não tinham, nem direta nem indiretamente, nem consciente nem inconscientemente, nada de socialistas. De outro modo, seria necessário também classificar entre as instituições socialistas a Real Companhia de Comércio Marítimo, a Real Manufatura de Porcelanas e até os alfaiates do Exército, sem esquecer a nacionalização dos prostíbulos, proposta muito seriamente, aí por volta do ano 34, sob Frederico Guilherme III, por um homem muito esperto.

A solução de todos os antagonismos está na apropriação das forças produtivas pela sociedade (socialização dos meios de produção e de troca)

Essa solução só pode ser o reconhecimento prático do caráter social das forças produtivas modernas, isto é, pôr de acordo os modos de produção, de apropriação e de troca, com o caráter social dos meios de produção. E este fim só será atingido quando a sociedade, aberta e francamente, tomar posse das forças produtivas tornadas poderosas demais para suportar qualquer outro controle que não o seu.

O caráter social dos meios de produção e dos produtos, que hoje se volta contra os próprios produtores, que perturba periodicamente a produção e a troca, será então plena e abertamente reconhecido. As forças sociais agem como as forças da natureza, cega e violentamente, de modo destrutivo, enquanto não as compreendemos, enquanto não contamos com elas. Uma vez que tenhamos compreendido sua ação, suas tendências, seus efeitos, poderemos submetê-las cada vez mais à nossa vontade, servir-nos delas para atingir nossos fins. Assim se passa com as forças produtivas modernas.

Enquanto nos obstinamos em não as reconhecer – como é o caso na produção capitalista – essas forças, a despeito da nossa vontade, agem entre nós, se nos impõem como vimos anteriormente. Uma vez compreendidas e reconhecidas, cessarão de ser destrutivas, para se tornarem, entre as mãos dos produtores associados, que delas se servirão em plena consciência, como uma das maiores alavancas da produção. Assim, a eletricidade destrutiva do raio difere da eletricidade dos telégrafos ao serviço do homem; e o incêndio, do fogo dirigido pelo homem. "Reconhecimento prático do caráter social das forças produtivas modernas", isto é: substituição da anarquia na produção social por uma organização regulada segundo as necessidades da sociedade e de cada um de seus membros; substituição da apropriação capitalista, que gera o regime no qual o produto escraviza, primeiramente, o produtor e, depois, o apropriador, por uma apropriação baseada sobre o próprio caráter das forças produtivas modernas: apropriação direta dos produtos, de um lado, pela sociedade, como meios de conservar e de desenvolver a produção e, de outro lado, pelos indivíduos, como meios de existência e de prazer.

Missão do proletariado: abolição das classes e dos estados de classe

À medida que a produção capitalista transforma, cada vez mais, a grande massa da população em proletários, cria o exército que deve ou morrer miseravelmente ou realizar essa revolução. À medida que obriga a conversão dos grandes meios de produção socializados em propriedade do Estado, indica o caminho para a realização dessa revolução. O proletariado, depois de se ter apoderado do poder público, transforma os meios de produção em propriedade do Estado.

Mas, por isso mesmo, destrói seu caráter de proletariado, destrói toda distinção e todo o antagonismo de classe e, por conseguinte, destrói o Estado como Estado. As sociedades, que se constituem até aqui no antagonismo das classes, tinham necessidade do Estado, isto é, de uma organização da classe exploradora, para assegurar suas condições de exploração e, sobretudo, para manter, pela força, a classe explorada nas condições de sujeição (escravidão, servidão, salariato) que reclamava o modo de produção existente. Se o Estado era a representação oficial de toda a sociedade, sua encarnação em um corpo visível, era-o na medida em que era o Estado da classe, que na época representava toda a sociedade; mas, uma vez que se torna realmente o representante de toda a sociedade, torna-se inútil.

Desde que não há mais classe a manter na opressão, desde que o domínio de classe, a luta pela existência baseada na anarquia da produção, as colisões e os excessos que dela decorrem são eliminados, nada mais há a reprimir, o Estado torna-se inútil. O primeiro ato pelo qual o Estado se constituirá realmente em representante de toda a sociedade – a tomada de posse dos meios de produção em nome da sociedade – será ao mesmo tempo seu último ato como Estado. O governo das pessoas cederá lugar à administração das coisas e à direção da produção. A sociedade livre não pode tolerar a existência de um Estado entre ela e os seus membros.

A apropriação, pela sociedade, de todos os meios de produção foi, desde a aparição histórica da produção capitalista, um ideal mais ou menos nebuloso, esvoaçando diante dos olhos de indivíduos ou de seitas inteiras; mas, só se tornou possível, só pôde apresentar-se como uma necessidade histórica, quando existiram as condições materiais para sua resolução prática. A abolição das classes, como todo e qualquer outro progresso social, tornou-se praticável, não pela simples convicção de que a existência dessas classes é contrária à igualdade, à justiça ou à fraternidade, não pela simples vontade de destruí-la, mas pelo advento de novas condições econômicas. A divisão da sociedade em classes, exploradora e explorada, dominante e oprimida, foi a consequência fatal da produtividade pouco desenvolvida da sociedade. Sempre que o trabalho social só fornece uma quantidade de produtos, excedendo apenas o que é estritamente necessário para manter a existência de todos, sempre que o trabalho, por conseguinte, absorve todo ou quase todo o tempo da grande maioria dos indivíduos de que se compõe a sociedade, essa sociedade se divide necessariamente em classes. Ao lado dessa grande maioria consagrada exclusivamente ao trabalho forma-se uma minoria isenta do trabalho diretamente produtivo e encarregada dos negócios comuns da sociedade: direção geral do trabalho, governo, justiça, ciências, artes etc. É, pois, a lei da divisão do trabalho, que jaz no fundo dessa divisão da sociedade em classes, o que não impede, absolutamente, que as algemas, que a produção capitalista lhes tinha posto, prendam a massa de suas próprias forças produtivas e de seus produtos. Sua alforria é a única condição que ainda faltava para assegurar um desenvolvimento contínuo, sempre acelerado, das forças produtivas, isto é, um crescimento ilimitado da própria produção. Mas não é tudo. A apropriação social dos meios de produção afasta não só os entraves artificiais que acorrentam atualmente a produção, como põe fim ao desperdício e à destruição das forças produtivas e dos produtos, corolários inevitáveis da produção atual e que atingem seu apogeu em tempo de crise. Além disso, põe a sociedade de posse de uma quantidade de meios de produção e de produtos, tornando impossíveis as extravagâncias insensatas das classes reinantes e de seus representantes políticos. A possibilidade, por meio da produção social, de assegurar a todos os membros da sociedade não só uma existência material plenamente satisfatória e que melhorará cada vez mais, como de lhes garantir, ao mesmo tempo, o livre desenvolvimento e o exercício de todas as suas faculdades físicas e intelectuais, essa possibilidade existe agora pela primeira vez.

Da era da fatalidade à era da liberdade

Desde que a sociedade tome posse dos meios de produção, não mais produzirá mercadorias, isto é, porá fim à forma de apropriação dos produtos em virtude da qual, como vimos, o produto domina o produtor. A anarquia na produção social dará lugar a uma organização consciente e sistemática. A luta pela existência individual desaparecerá. Só a partir desse momento se poderá dizer, em um certo sentido, que o homem saiu definitivamente do reino animal; terá, enfim, mudado condições de existência animais por condições de existência realmente humanas. O conjunto de condições de existência, que até aqui dominou os homens, será então submetido a seu controle. Tornando-se eles senhores de sua própria organização social, tornar-se-ão por isso mesmo, pela primeira vez, senhores reais e conscientes da natureza. As leis que regem sua própria ação social impuseram-se até aqui aos homens como leis inflexíveis da natureza, exercendo sobre eles um estranho domínio; para o futuro, os homens aplicarão essas leis com pleno conhecimento de causa e, por esse motivo, as governarão. A forma pela qual os homens devem organizar-se em sociedade – forma até aqui, por assim dizer, outorgada pela natureza e pela história – será então obra de sua livre iniciativa. As forças sociais – criadas pelos próprios homens, como seres plenamente conscientes do que vão fazer, sabendo as causas sociais que porão em movimento – produzirão, em medida sempre crescente, os desejados efeitos. A humanidade sairá, por fim, do reino da fatalidade para entrar no da liberdade.[7]

---

7. Algumas cifras darão ao leitor uma noção aproximada da enorme força expansiva que, mesmo sob a pressão capitalista, os modernos meios de produção desenvolvem. Segundo os cálculos de Giffen, a riqueza global da Grã-Bretanha e Irlanda ascendia, em números redondos, a:
    - 1814 – 2,2 milhões de libras esterlinas – 44 milhões de marcos;
    - 1865 – 6,1 milhões de libras esterlinas – 122 milhões de marcos;
    - 1875 – 8,5 milhões de libras esterlinas – 170 milhões de marcos.

Resumo e conclusão

Resumamos em poucas palavras o curso do nosso desenvolvimento:

1. Sociedade da Idade Média: pequena produção retalhada. Meios de produção adaptados ao uso individual e, por isso, primitivos, de poucos recursos, de efeito muito limitado, mas, por isso, também possuídos geralmente pelo próprio produtor. Produção para o consumo imediato ou do produtor ou de seu senhor feudal. Somente onde há excesso de produtos sobre o consumo, esse excesso é oferecido à venda, entra no mercado; produção de mercadorias em estado nascente, porém contendo já, em seu seio, o embrião da anarquia social na produção.

2. Revolução capitalista: transformação da indústria, primeiro pela cooperação simples e pela manufatura. Concentração dos meios de produção, até então esparsos, em grandes oficinas, isto é, transformação desses meios individuais de produção em meios sociais – transformação que pouco afeta a troca; por conseguinte, mantém antigas formas de apropriação. O capitalista aparece: proprietário dos meios de produção, é ele que se apropria dos produtos e deles faz mercadorias. A produção tornou-se um ato social; a troca e, com ela, a apropriação transformam-se em atos individuais: o produto social é apropriado pelo capitalista individual. Antagonismo fundamental, fonte de todos os antagonismos nos quais se move nossa sociedade:

    a) Separação do produtor dos meios de produção. Condenação do trabalhador ao regime do salário por toda a vida (antagonismo do proletariado e da burguesia).

    b) Desenvolvimento, sobretudo por meio da grande indústria (desde o fim do século XVIII), da ação das leis que regulam a produção de mercadorias. Luta desenfreada pela concorrência. (Antagonismo da organização social da produção em cada fábrica, e da anarquia social no conjunto da produção.)

Para dar uma ideia do que representa a dilapidação dos meios de produção e de produtos desperdiçados durante a crise, direi que no segundo congresso dos industriais alemães, realizado em Berlim, em 21 de fevereiro de 1878, calculou-se em 455 milhões de marcos as perdas globais representadas pelo último *crack*, somente para a indústria siderúrgica alemã.

c) De um lado, aperfeiçoamento do maquinismo, tornado obrigatório para todo industrial pela concorrência e equivalente à eliminação sempre crescente de operários: exército industrial de reserva. De outro lado, extensão ilimitada da produção igualmente obrigatória para todo industrial. Dos dois lados, desenvolvimento à procura da superprodução, atravancamento dos mercados, crises decenais, círculo vicioso: de um lado, superabundância de meios de produção e de produtos; de outro lado, superabundância de operários sem trabalho e sem meios de existência; mas estas duas alavancas da produção e do bem-estar social não se podem reunir, porque o modo capitalista de produção inibe as forças produtivas de trabalhar, os produtos de circular, a menos que se tenham antes transformado em capital – o que a própria superabundância impede. O antagonismo é levado até ao absurdo. O modo de produção se rebela contra o modo de troca. A burguesia se mostra incapaz de dirigir, doravante, as forças produtivas sociais.

d) Reconhecimento parcial do caráter social das forças produtivas imposto aos próprios capitalistas; apropriação dos grandes organismos de produção e de comunicação pelas sociedades por ações, depois pelo Estado. A burguesia se revela inútil, todas as suas funções ativas são preenchidas por assalariados.

3. Revolução proletária, solução dos antagonismos.

O proletário apodera-se do poder político e transforma, por meio desse poder, em propriedade social os meios de produção sociais, que escapam das mãos da burguesia. Por esse ato, priva-lhes de seu caráter de capital; dá plena liberdade a seu caráter social de se afirmar, torna possível a organização da produção social segundo um plano predeterminado. O desenvolvimento da produção faz da existência das classes sociais um anacronismo. A autoridade política do Estado desaparece com a anarquia social da produção. Os homens, senhores, enfim, do seu próprio meio de associação, tornam-se senhores da natureza, senhores de si mesmos, livres.

Cumprir esse ato que libertará o mundo, eis a missão histórica do proletariado moderno.

Aprofundar as condições históricas e com elas o caráter específico e as consequências inevitáveis desse ato, dar à classe chamada à ação, classe hoje oprimida, a plena consciência das condições e da natureza de sua própria ação iminente, eis a missão do socialismo científico, expressão teórica do movimento proletário.